民国大师文库

（第八辑）

中国文字学概要

杨树达◎著

北京联合出版公司
Beijing United Publishing Co.,Ltd.

目 录

目　录

目 录

目录

目 录

目录

目录

目 录

第一章　文字史及文字学

第一节　结　绳

《易·系辞》下篇曰："上古结绳而治，后世圣人易之以书契，百官以治，万民以察，盖取诸夬。"按：《易》言上古结绳，不确言其始于何世。许慎《说文解字·序》云："及神农氏结绳为治而统其事。"以结绳属之神农，未详所本。结绳者，孔疏引郑康成《注》云："事大，大结其绳；事小，小结其绳。"其详今不可得矣。

第二节　古　文

一、何谓古文

《说文解字·序》云："黄帝之史仓颉见鸟兽蹄远之迹，知分理之可相别异也，初造书契。仓颉之初作书，盖依类象形，故谓之文。其后形声相益，即谓之字。文者，物象之本；字者，言孳乳而浸多也。"按仓颉所造，是为古文。《说文·序》又云："孔子书《六经》，左丘明述《春秋传》，皆以古文。"又云："及亡新居摄，时有六书：一曰古文，孔子壁中书也。二曰奇字，即古文而异者也。壁中书者，鲁恭王坏孔子宅而得《礼记》、

《尚书》、《论语》、《孝经》，又北平侯张苍献《春秋左氏传》，郡国亦往往于山川得鼎彝，其铭即前代之古文，皆自相似。"按壁中书今已无存，然如殷墟龟甲文刻辞、周代彝器款识、《说文》及《三字石经》所记古文，皆古文之可见于今日者也。

二、古文之作者

《吕氏春秋·君守篇》云："苍颉作书。"［注：苍仓同］《淮南子·本经训》云："苍颉作书而天雨粟，鬼夜哭。"皆以作书之事专属于苍颉。即实言之，作书者不止苍颉一人。《荀子·正论篇》云："作书者众矣，而仓颉独传者壹也。"晋卫恒《四体书势》云："昔在黄帝，创制造物。有沮诵仓颉者，始作书契以代结绳。"则仓颉外尚有沮诵。此皆作书者不止仓颉一人之证也。

第三节　史　籀

一、籀文即古文

《汉书·艺文志》云：《史籀》十五篇。班固自注云："周宣王大史作《大篆》十五篇，建武［注：汉光武年号］时亡六篇矣。"又云："《史籀篇》者，周时史官教学童者也。与孔氏壁中古文异体。"《说文·序》云："宣王大史籀著《大篆》十五篇，与古文或异。"按班云《史籀篇》与孔氏壁中古文异体，许君亦云大篆与古文或异，后世遂析大篆与古文为二事，又别称大篆为籀文，俨若籀文为字体之一种者，其实非也。许云大篆与古文或异，或异谓偶有殊异，非尽异也。此犹古文之有奇字，小篆之有重文，乃古文自身之异体，非籀文别为书体也。《说文》载四字籀文作 三，匸籀文作㊊，登籀文作🔥，系籀文作🔥。今验之龟甲，已有🔥、㊊、🔥、🔥 诸文。知《籀篇》本述古文，非自为书体。许君载字时以古籀对言者，古文作某，犹言壁中书作某，籀文作某，犹云《史籀篇》作某耳。[注：说出罗振玉《殷商贞卜之字考》]，孟康注《艺文志》云：《史籀》所作十五篇为古文，斯不刊之定论也。

二、史籀非人名

《说文》云：籀，读也。读，籀也。《周礼春官》：大史掌大祭祀读礼书，小史掌大祭祀读礼法，内史掌读四方之事书。知读书为史之专职也。《史籀篇》殆以史籀二字发端，古书恒以书首二字为书篇之名号，今存《急就篇》，其明证也。许君云"宣王大史籀著大篆十五篇"，以史为官名，籀为人名，实为误说。近日王国维著《史籀篇疏证》，始辨明之，其说确不可易矣。

第四节 小 篆

一、小篆与作者

《说文·序》云："孔子书《六经》，左丘明述《春秋传》，皆以古文，厥意可得而说。其后诸侯力政，不统于王。恶礼乐之害己，而皆去其典籍。分为七国，言语异声，文字异形。秦始皇帝初兼天下，丞相李斯乃奏同之，罢其不与秦文合者。斯作《仓颉篇》中车府令赵高作《爰历篇》，太史令胡母敬作《博学篇》，皆取《史籀》大篆或颇省改，所谓小篆者也。"按古文或名大篆，小篆之称，对大篆而言也。

二、李斯统一文字

前人多以拨去古文为秦人及李斯之罪，其实不然。今观殷墟龟甲及周代鼎彝铭刻，字画增益无定，一字异形，多不胜纪。当时迷惘，可以测知。秦既统一天下，则整齐文字，实为切要之图。《史记·秦始皇纪》载始皇东巡琅邪，刻石，颂秦德曰："普天之下，抟心揖志，器械一量，同书文字。"以同书文字为功德之一，良有其因。且其时任统一文字之责者为李斯，斯者，荀卿之弟子也。荀子既尝留意于作书之人［注：《正论篇》文，见前引］。而韩非亦荀卿之弟子也。非著《五蠹篇》曰："古者仓颉之作书也，自环者谓之厶，背厶谓之公。公厶之相背也，乃仓颉固已知之矣。"观李斯师友之注意于文字如此，则以李斯任统一文字之责，实可谓适当之人。斯所著《仓颉篇》，书虽已佚，就其遗文观之，训眩为目视不明，训颢为头大，训聆为耳听，知许君依形求义之术，实创自斯。事既切要，人亦适宜，着意衡量统一之业，盖有功而无过。前人之言，非笃论也。

第五节　隶　书

《汉书艺文志》曰："秦始造隶书，起于官狱多事，苟趋省易，施之于徒隶也。"《说文·序》曰："秦烧灭经书，涤除旧典，大发吏卒，兴戍役，官狱职务繁，初有隶书，以趋约易。"又曰："亡新居摄，时有六书。四曰左书，即秦隶书，秦始皇帝使下杜人程邈所作也。"晋卫恒曰："秦既用篆，奏事繁多，篆字难成，即令隶人佐书，曰隶字。"按事涉徒隶，故名隶书。以隶佐篆，故又曰左书，左即佐也。今观秦代遗物，秦权诏版，字在篆隶之间，已渐由篆而入隶。而绎山等刻石仍用小篆，知其于典重之文固用篆而不用隶。轻重之意固灼然可见也。

近世行用楷书，又由隶书而变者也。萌芽于六朝，而极盛于唐代。

第六节　草　书

汉赵壹撰《非草书》曰："草书起秦之末。"《说文·序》曰："汉兴，有草书。"二说不同，未知孰是。晋卫恒曰："草书不知作者姓名。"

第七节　许慎说文解字

《说文·序》云："壁中书者，鲁恭王坏孔子宅，而得《礼记》、《尚书》、《春秋》、《论语》、《孝经》，又北平侯张苍献《春秋左氏传》，郡国亦往往于山川得鼎彝，其铭即前代之古文，皆自相似。虽叵复见远流，其详可得略说也。而世人大共非訾，以为好奇者也，故诡更正文，向壁虚造不可知之书，变乱常行，以耀于世。诸生竞逐说字解经谊，称秦之隶书为仓颉时书，云父子相传，何得改易？乃猥曰马头人为长，人持十为斗，虫者屈中也。廷尉说律，至以字断法，苛人受钱，苛之字止句也。若此者甚众，皆不合孔氏古文，谬于史籀。俗儒鄙夫玩其所习，蔽所希闻，不见通学，未尝睹字例之条，怪旧艺而善野言，以其所知为秘妙。其迷误不谕，岂不悖哉！盖文字者，经艺之本，王政之始，前人所以垂后，后人所以识古。今叙篆文，合以古籀。博采通人，至于小大，信而有证。稽撰其说，将以理群类，解谬误，晓学者，达神旨。分别部居，不相杂厕也"。按人类先有事物在心，欲名此事物，则必赋之以声音，则语言是也。语言不能久留，又不能行远，于是人类更进而赋语言以形态，于是文字生焉。文字以三事为要素，曰形，曰音，曰义。而其次第，则先有义而后有音，有音而后有形。文字之作，始则因义而赋形，继则即形而表义。故本始之字形，其于义也，必相密合。此确定不移之理也。时至秦汉，文字通用隶书，字形既非本始，则义无可求。于是字例不明，野言日炽。许君戚然忧之，于是溯其形于古籀，探形体之真源。上承仓颉，博访通人，既就形以求义，复即义以说形，而音义之相关，亦时时阐明而不废。可谓握文字之机钤，洞艺术之旨要者也。向无许君，则马头持十之论，屈中止句之言，日肆披昌，文字之真，将晦盲千古。虽有晚出之龟甲，日出之鼎彝，研究者将无从措手，文道之厄尚可言哉！呜呼！此许君所以为圣道之功臣。《说文》所以为故书之鸿宝也。

第八节　金　文

古人铸钟鼎以铭功勋，纪光宠，书约剂。楚灵王求鼎以为分，［注：见昭十二年《左传》］汉武帝得鼎以纪元，鼎之见珍，由来旧矣。至于摹绘图形，考释文字，以为专门之学，则事始于北宋，而极盛于逊清。盖自宋欧阳修著《集古录》，刘敞著《先秦器物记》［注：此书今不传］。搜求考释，余力不遗。嗣是而有吕大临之《考古图》、王黼等之《博古图录》、王俅之《啸堂集古录》、王厚之之《钟鼎款识》、薛尚功之《历代钟鼎彝器款识法帖》，学风流衍，著述如林。及于逊清，官书有《西清古鉴》、《宁寿鉴古》诸编，私家有阮元之《积古斋钟鼎彝器款识》、吴荣光之《筠清馆金文》、吴式芬之《攟古录金文》、吴大澂之《愙斋集古录》、方濬益之《缀遗斋彝器考释》、孙诒让之《古籀余论》，其尤著者也。民国以来，王国维考释铭文，最为卓绝。大抵吉金之学，可以证经，可以考史，而文字之学。所关尤大。所以然者，钟鼎铸于周代，远在汉前，摹拓胜于传钞，必无讹误，故许书偶然误说，勘校可以了然。《说文》解有字从又从月，训为不宜有，此强说也。金文有字从又持肉，则有字之义跃然矣。《说文》解"寻"字从见从寸，此误解也。金文"寻"字从寸从贝，而"寻"字之义如见矣。故余谓原始之字形，其于义也，必相密合，此其显证也。及字形差误，义不可求，则以形违而失其义也，或义失本初，形难吻合，则以义失而徒具其形也，于是妄说起而大道乖矣。精究金文，补苴许说，或订其字形，或纠其说义。本洨长之师法，复仓颉之本原，非吾辈后起者所当有事乎？[注：自吴大澂著《说文古籀补》，续撰者数家，大抵订形体之功居多，订说义者尚少见。]

第九节　龟甲文

逊清光绪二十五年己亥，河南省安阳县西五里小屯地方发见龟甲兽骨，其上皆有刻辞，福山王懿荣得之。明年庚子，北京义和团事起，八国联军入京，懿荣死难，所藏转归丹徒刘鹗。鹗编印《铁云藏龟》一书，是为龟甲文字有书之始。瑞安孙诒让，清季大师，据刘氏所藏，撰《栔文举例》，所见未融。越十年宣统庚戌，罗振玉著《殷商贞卜文字考》一卷，虽尚有漏义，然考释详慎，实奠此学之基。是为甲骨专学有著书之始。嗣是作者无虑数十家，王国维最为杰出。盖自清代以来，许氏《说文》及彝器款识之学已臻极盛，故龟甲发见，治之者本其《说文》吉金之学，由流而溯原，故为力易而所得多也。至若王氏博通经史，精治音韵小学，天才既卓，学力尤深，其成绩特优，非偶然矣。

彝器文字足以订正《说文》，前既言之矣。龟甲为殷商文字，其足以纠后起之误说，与彝器正同。《说文》说屰字云："屰，不顺也，从干下凵屰之也。"干下凵屰之，不能索解。甲文作𡴎，从倒大，则字义不言而可喻矣。[注：倒人即屰，罗振玉说示人从外入之状，非是。]此义是而失其形者也。《说文》说丞字云："翊也，从収从卪从山，山，高奉承之义。"此不可通之说也。龟文作𢍻，象人陷入阱中，上有二手引之。则丞为拯救字之初文，又不说而可明矣。此因失其形而遂失其义者也。

第十节　文字表

综上来所说，以表示之，合如下表：

作者 / 文字		制作者	作品	遗　物　及　书
文字以前		神农氏？	结绳	无。
文字	《说文》所记	仓颉、沮、诵等	古文大篆	殷墟龟甲、商周彝器、《说文》载古籀、《魏石经》古文。
		李斯、赵高、胡毋敬	小篆文篆	秦代刻石、《说文》载篆文、《魏石经》篆文。
	《说文》所不记	程邈	隶书左书	汉金铭文、汉熹平石经、汉魏石刻《魏石经》隶书。
		秦末某	草书	法帖中晋、张旭书、唐孙过庭《书谱》等。
		汉　刘德升？	行书	晋王羲之《兰亭序》等。

第二章 六　　书

第一节　缘　起

　　人类既作，厥有语言。然语言声出即消，不能垂久行远。欲弥此缺，文字乃生。文字之作，不由于一人，［荀子曰：作书者众矣，是其证也。］亦不局于一地，各凭意匠为之，初非有定则也。六书之起，乃后人寻绎文字，得其条理，为之类别焉尔。核实言之，文字之制造在先，六书之分类在后，非先有六书定则，而后造文字也。

　　《周礼·地官》曰："保氏掌谏王恶，而养国子以道，乃教之六艺：一曰五礼，二曰六乐，三曰五射，四曰五驭，五曰六书，六曰九数。"此六书之始见于古书者也。

第二节　定　义

　　许君《说文解字·序》曰："周礼八岁入小学，保氏教国子，先以六书：

　　一曰指事。指事者，视而可识，察而见意，上下是也。
　　二曰象形。象形者，画成其物，随体诘屈，日月是也。
　　三曰形声。形声者，以事为名，取譬相成，江河是也。

四曰会意。会意者，比类合谊，以见指撝，武信是也。

五曰转注。转注者，建类一首，同意相受，考老是也。

六曰假借。假借者，本无其字，依声托事，令长是也。"

第三节 体 用

明杨慎曰："六书者，象形、指事、会意、形声四书为经，转注、假借二书为纬。"清戴震曰：指事、象形、形声、会意四者，字之体也。转注、假借二者，字之用也。按许君举考老为转注之例，举令长为假借之例，老令同为会意，考长同属形声，知转注假借二书本无自性。杨戴二君之说，不可易矣。

第四节 差 别

象形、指事二书谓之文。

象形者，图画也。为客观的、模仿的、具体的。先有形而后有字，是为字生于形。

指事者，符号也。为主观的、创造的、抽象的。先有字而后有形，是为形生于字。

会意、形声二书谓之字。

会意者，合二文或数文以成字者也。其所合之文互相融合、互相贯注、而别成一意。其字之音义超然于所合之文之外。

形声亦合二文或数文以成字者也。其所合之文，或表义，或表声，各自独立，不相融合。造成之字之音义，即寓于所合之文之中。

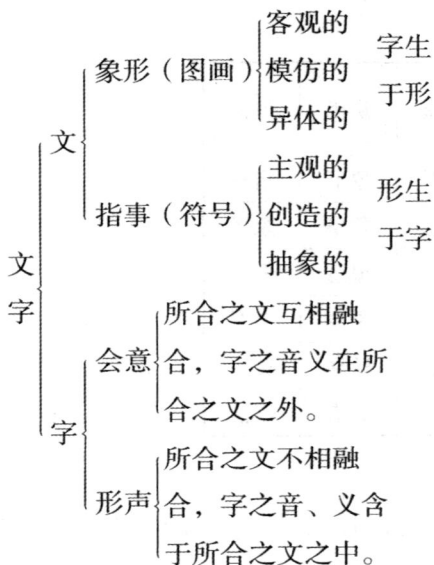

```
                 ┌ 象形（图画）┌ 客观的  ┐ 字生
           ┌ 文  ┤            │ 模仿的  │ 于形
           │     │            └ 异体的  ┘
           │     │            ┌ 主观的  ┐ 形生
           │     └ 指事（符号）┤ 创造的  │ 于字
    文      │                  └ 抽象的  ┘
    字 ─────┤
           │     ┌ 会意 所合之文互相融
           │     │      合，字之音义在所
           └ 字  ┤      合之文之外。
                 │ 形声 所合之文不相融
                 └      合，字之音、义含
                        于所合之文之中。
```

第五节　次　第

许君子六书，以指事、象形、形声、会意、转注、假借为序，既如前述矣。汉儒述六书者，自许君外，尚有郑众班固二家，次第各异。

郑玄《周礼·地官》保氏注引郑众说曰：六书，象形、会意、转注、处事、假借、谐声也。

班固《汉书·艺文志》曰：古者八岁入小学，故《周官》保氏掌养国子，教之六书。谓象形、象事、象意、象声、转注、假借，造字之本也。班书《艺文志》本刘向《七略》，此盖刘氏之说。

表之如下

次　人	郑众	班固	许慎
一	象形	象形	指事
二	会意	象事	象形
三	转注	象意	形声
四	处事	象声	会意
五	假借	转注	转注
六	谐声	假借	假借

造文之次，似当元文而后字。郑众糅合字文，又混淆体用。最为难解。

文有二书。象形以图画表具体之形，其事于初民为易。指事以符号表抽象之事，非术智大进，殆不易为。则班固首象形次指事，〔注：指事班名象事。〕其说视许君为胜矣。

字亦二书。会意难作而易穷，形声易为而无尽。形声之作，盖所以救会意之穷，其次第盖当在会意后。若然，班氏二书次第亦优于许矣。

转注因字而造字，假借以不造字为造字。造者在前，不造者在后，二者次第了然自明。班许同符，非故矣。

上来所述，乃就六书发生之次第为言，非谓此书字造讫，始制彼书也。读者无误解可尔。

第六节　名　义

论次第则班优于许，论名称则许胜于班。盖事本无象，象事不如指事之洽也。会意字本缘会合而成，且意无可象，象意不如会意之确也。形声二事兼举，象声则单双不该，则象声又不如形声之备也。或谓形象义同，象声即形声，义无轩轾。然以班称象事、象意例之，则象乃虚指之动词，非实指之名词也。

　　盖许君生郑班之后，故能斟酌尽善，后来居上欤？〔注：考《后汉书》，郑众卒于章帝建初八年，班固卒于和帝永元中。许君自叙作于永元十二年庚子，至安帝建光元年辛酉，许君尚存遣子冲诣阙献书，故干许君生在郑班二君之后矣。〕

第三章　象　形

第一节　独体象形

一、以形表物

日　实也，太阳之精不亏。从〇一，象形。人质切。七上日部。

⊙　古文，象形。段玉裁曰："〇象其轮廓，一象其中不亏。"

树达按：日实以音近为训，谓之声训。声训不惟音近，义亦必相关。日与实古韵同在屑部，是音相近也。日充实不亏，是日有实义也。声训或又谓之语源训，则溯其源于造字之初。盖谓未有日名以前，欲定其名，以其物有充实之性，故以实字相近之音之日字名之，是实为日字之语源也。二说归趋虽一，而所从言之途径略殊。要之，吾先民严密之精神，于此等处表示有余矣。

月　阙也，太阴之精。象形。鱼厥切。七上月部。段玉裁曰："象不满之形。"

树达按：甲骨文作 𝕯 𝕯𝕯，形尤逼肖。

雲　山川气也。从雨，云象回转形。王分切。十一下云部。

亏　古文云。

气　云气也。象形。去既切。一上气部。

段玉裁曰："三之者，列多不过三之意也。"

山　宣也，宣气散生万物。有石而高，象形。所闲切。九下山部。

厂　山石之厓岩，人可居。象形。呼旱切。九下厂部。

王筠曰："左之斗绝者，山；右之横覆者，厓。"

自　大陆山无石者。象形。房九切。十四下自部。

自　古文。

自　小阜也。象形。都回切。十四上自部。

戴侗曰："山之冈陇坡陀下迤者也。山峰峻峙，冈阜侧注，故阜从侧山。自，小阜也，故其文视阜为杀。"

树达按：下自金文偏旁阜作自，众山侧立之形。此犹水本作水，直立作川也。戴氏谓从侧山，说是；而谓由于冈阜侧注，则非。至段君谓象土山高大而上平，可层垒而上，首象高，下象其三成，尤误。

丘　土之高也，非人所为也。从北，从一。一，地也；人居在丘南，故从北。中邦之居在昆仑东南。一曰：四方高中央下为丘。象形。去鸠切。八上丘部。

亡友吴承仕曰："金文或作山，象四方高中央下之形。许引一曰近之，谓从一从北会意者，非也。"

凵　张口也。象形。口犯切。二上凵部。

十三篇下土部云："坎，陷也。从土，欠声。"苦感切。凵即坎之初文。

水　准也，北方之行。象众水并流，中有微阳之气也。式轨切。十一上水部。

按：水，《石经》古文或作，从皿从水，亦作，象水波形。改为直形，则不肖矣。水部云：准，平也。

 转也。从口，中象回转形。户，恢切。六下回部。

 古文。

吴承仕曰："许但言象回转形，不言象何物。然三下又部字下注云：入水有所取也。从又在下，古文回；回，渊水也。知回为象渊水回转之形矣。"

 水小流也。《周礼》匠人为沟洫，广五寸，二为耦。一耦之发，广尺深尺谓之。倍谓之遂。倍遂曰沟。倍沟曰洫。倍洫曰。く姑泫切。十一下く部。

 毁也，南方之行。炎而上，象形。呼果切。十上火部。

按：火，甲骨文作，金文作，故《考工记》曰：火以圜，郑注：形如半圜，是也。今篆殊不象火形。然甲文中有炎字，罗振玉以为即炎字，[增订《殷书契考释》卷中 51 页下]。赤从大火，金文作，然则许君亦非无本。

 天地之性最贵者也。此籀文，象臂胫之形。如邻切，八上人部。

 仁人也。古文奇字人也，象形。孔子曰：在人下，故诘屈。如邻切，八下儿部。

按：此不知其象形之由。

 十一月阳气动，万物滋，人以为称。象形。即里切。十四下子部。

 古文子。，象发也。

孺子也。从儿，象小儿头囟未合。汝移切，八下儿部。

按：𦥑象小儿头囟未合，表孺子之特征；儿，象足胫形。

妇人也。象形。尼吕切。十二下女部。

牵也，事君也。象屈服之形。植邻切。三下臣部。

颂仪也。从儿。𦣻，象人面形。莫教切。八下儿部。

头也。象形。书九切。九上百部。

古文𦣻也。巛象发，谓之鬒，鬒即巛也。书九切。九上首部。

树达按：𦣻作𦣻，犹子作㜽也。

头会垴盖也。象形。息进切。十下囟部。

古文囟字。

人眼。象形，重童子也。莫六切。四上目部。

古文目。

鼻也。象鼻形。疾二切。四上自部。

古文自。

此亦自字也。省自者，词言之气从鼻出，与口相助也。疾二切。

四上𦣹部。

主听也。象形。而止切。十二上耳部。

人所以言食也。象形。苦后切。二上口部。

牡齿也。象上下相错之形。五加切。三下牙部。

𠃬　古文牙。

𦥄　顄也。象形。与之切。十二上臣部。

𠂹　拳也。象形。书九切。十二上手部。

𢩵　古文手。段玉裁曰："手象指掌及掔。"

彐　手也。象形。三指者，手之列多，略不过三也。干救切。三下又部。

𠂢　左手也。象形。臧可切。三下𠂇部。

𦈢　臂上也。从又，从古文厶。古薨切。三下又部。

𠂎　古文厷。象形。

𠂤　厷或从肉。

按：从又从肉者，皆象形加旁字。

爪　丮也。覆手曰爪，象形。侧狡切。三下爪部。

段玉裁曰："仰手曰掌，覆手曰爪。今人以此为叉甲字，非是。"

心　人心，土藏，在身之中。象形。息林切。十下心部。

止　下基也。象草木出有址，故以止为足。诸市切。二上止部。

王筠曰："止为趾之古文，上象足趾，下象足跟，与手之列多不过三同意。"

按：甲文作𣥂。

卩　瑞信也。象相合之形。子结切。九上卩部。

按：膝，胫头卩也，从卩桼声。按卩象膝盖，即膝之初字。许训瑞信，非是。卷从尸，训膝曲，是其证也。尸与腰古音同在屑部，音近。膝为尸之加声旁字，犹网之作罔也。

𣬛 脊骨也。象形。力举切。七下吕部。

或作膂，则为形声字矣。

𣬛 眉发之属及兽毛也。象形。莫袍切。八上毛部。

𣬉 毛𠦂𠦂也。象形。而琰切。九下𠦂部。

按：九篇上须部云："𩓾，颊须也。从须，从𠦂，𠦂亦声。"达谓𣬉象两颊有须形，即𩓾之初字。王筠曰："𠦂即𩓾之初字。"是也。许误分之。

𦔮 筋也。象人筋之形。林直切。十三下力部。

四篇下肉部云："肋，胁骨也。从肉力声。"

按：力象肋形，即肋之初字也。许误分之。

半 大牲也。象头角三、封、尾之形。语求切。二上牛部。

段玉裁曰："头角三者，谓上三岐者象两角与头为三也。封者，肩甲坟起之处。中画象封，下象尾。"

树达按：甲文作半，象牛两角外出之形，尤为逼肖。

羊 祥也。从丫，象头角足之形。与章切。四上羊部。

𤣻 豕也。竭其尾，故谓之豕。象毛足而后有尾。读与豨同。式视切。九下豕部。

𤝱 古文。

按：甲骨文作𤝱𤝱𤝱，视篆文为省。

𢑚 豕也。从彑，下象其足。乎加切。九下彑部。

朱骏声曰："此字当为豭之异文。"

豪 倄豪兽，一曰河内名豕也。从彑，下象毛足。读若弟。羊至切。九下彑部。

豪 籀文。

彖 古文。

馬 怒也，武也。象马头髦尾四足之形。莫下切。十上马部。

影 古文。

影 籀文马，与影同有髦。

王筠曰："小篆之髦连于头，古籀文皆髦离于头也。"

树达按：甲骨文作罕。（《甲骨学》十之一）

鹿 兽也。象头角四足之形。卢谷切。十上鹿部。

按：甲骨文作🐾🐾，象鹿角多枝之形。

象 长鼻牙，南越大兽，三年一乳。象耳牙四足之形。徐两切。九下象部。

按：甲骨文作🐘。罗振玉曰："篆文但见长鼻及足尾，不见耳牙之状，卜辞亦但象长鼻，盖象之尤异于他畜者，其鼻矣。又象为南越大兽，此后世事，古代则黄河南北亦有之。为字以手牵象，则象为寻常服御之物。今殷墟遗物有镂象牙礼器，又有象齿甚多，卜用之骨有绝大者，殆象骨，又卜辞卜田猎有获象之语，知古者中原象至殷世尚盛也。"王国维曰："《吕氏春秋·古乐篇》商人服象，为虐于东夷，周公乃以师逐之，至于江南。此殷代有象之确证矣。"树达按：古金文及石鼓文为字并作𤩾，从爪，从象，则许君象字要为有本。又象之首即象耳形，罗云不见耳形，误。

禺 母猴属。头似鬼，从由，从内。牛具切。九上由部。

按：母猴与沐猴同，非谓猴之北牝者。

犬 狗之有县蹄者也。象形。孔子曰：视犬之字如画狗也。苦泫切。十上犬部。

按：甲骨文作犬犬，其形逼肖。王国维曰："腹瘦尾拳者为犬，腹肥尾垂者为豕。"按：必如甲骨乃足证孔子所言，小篆殊不肖。

兔 兽名。象踞，后其尾形，兔头与㲋头同。汤故切。十上兔部。

按：甲骨文作兔。罗振玉曰："长耳而厥尾，象兔形。"

虎 山兽之君。从虍。从儿，虎足象人足也。象形。呼古切。五上虎部。

虎 古文虎。

虎 亦古文虎。

按：篆文不象虎形，甲骨文作虎。罗振玉曰："象巨口修尾，身有文理。"

鼠 穴虫之总名也。象形。书吕切。十上鼠部。

段玉裁曰："上象首，下象足尾。"

兕 如野牛而青，其皮坚厚，可制铠。象形。徐姊切。九下兕部。

廌 解廌兽也，似牛，一角，古者决讼令触不直者。象形，从豸省。宅买切。十上廌部。

王筠曰："通体象形。"

莧 山羊细角者。从兔足，莧声。胡官切。十一上莧部。

徐锴曰："莧非声，似象形。"王筠曰："从象其角，目象其体，儿则足与尾。"段玉裁曰："俗作𪉄。"

🔣 兽也，似兔，青色而大。象形，头与兔同，足与鹿同。丑略切。十上𪊽部。

🔣 籀文。

🔣 兽长脊，行豸豸然，欲有司杀形。池尔切。九下豸部。

🔣 牲也。象耳头足内地之形。古兽下从内。许救切。十四下兽部。

段玉裁曰："耳谓🔣，头谓🔣，足内地谓古。"

🔣 虫也。从内，象形。无贩切。十四下内部。

🔣 虫也。从内，象形。王矩切。十四下𥸸部。

🔣 古文禹。

🔣 周成王时，州靡国献𧲲𧲲，人身及踵，自笑，笑即上唇其目，食人。北方谓之土蝼。《尔雅》曰："𧲲𧲲如人，被发。"读若费。一名枭阳。从𠬶，象形。符未切。十四下𠬶部。

俗作狒。段玉裁曰："凶象其首，🔣象其手执人。"

🔣 虫也。从𠬶，象形。私列切。十四下𠬶部。

🔣 古文𪏮。

🔣 兽角也。象形。古岳切。四下角部。

🔣 䐑肉。象形。如六切。四下肉部。

按：䐑下云：大脔也。脔下云：切肉脔也。字象切肉之形，故许训为䐑肉。此本谓为兽之肉，而人体之字多从肉者，乃肉字之引申义也。

米　辨别也。象兽指爪分别也。蒲苋切。二上采部。

屮　古文采。

番　兽足谓之番。从采，田象其掌。附袁切。二上番部。

田　古文番。

章炳麟曰："屮田本古文殊体，皆初文番。"

树达按：番为二体相连之合体象形字，见后。

它　一名蝮。博三寸，首大如擘指。象其卧形。许纬切。十三上
虫部。

按：甲骨文作它它。罗振玉曰："卜辞诸虫字皆象博首而死身之状。"

它　虫也。从虫而长，象冤曲垂尾形。上古草居患它，故相问无它
乎。托何切。十三下它部。

蛇　它或从虫。

巴　虫也，或曰食象蛇。象形。伯加切。十四下巴部。

龜　旧也，外骨内肉者。从它，龟头与它头同，象足、甲、尾之形。
居追切。十三下龟部。

龜　古文龟。

王筠曰："龟从它者，龟皆蛇种。"吴承仕曰："古文为正视形，篆文
为侧视形，头尾足甲具。"

黾　鼃黾也。从它，象形。黾头与它头同。莫杏切。十三下黾部。

黾　籀文黾。

段玉裁曰："古文只象其头腹，籀文又象其长足善跳。"

易　蜥易、蝘蜓、守宫也。象形。羊益切。九下易部。

夔　神魖也。如龙，一足，从夊。象有角手人面之形。渠追切。五下夊部。

鱼　水虫也。象形。鱼尾与燕尾相似。语俱切。十一下鱼部。

贝　海介虫也。象形。古有货贝而宝龟，周而有泉，至秦废贝行钱。博盖切。六下贝部。

吴承仕曰："金文多作𧵅，象贝虫两介外张之形。小篆整齐，形不曲肖。"

树达按：甲骨文作𧵅𧵅。

鸟　长尾禽总名也。象形，鸟之足似匕，从匕。都了切。四上鸟部。

隹　鸟之短尾总名也。象形。职追切。四上隹部。

按：甲骨作𤿷、𤿷，罗振玉曰："卜辞中隹与鸟不分，故隹字多作鸟形。许书隹部诸字亦多云籀文从鸟。盖隹鸟古本一字，笔画有繁简耳。许以隹为短尾鸟之总名，鸟为长尾鸟之总名。然鸟长尾者莫如雉与鸡，而并从隹。尾之短者莫如鹤鹭凫鸿，而均从鸟，可知强分之未为得矣。"

凤　神鸟也。从鸟，凡声。冯贡切。四上鸟部。

朋　古文凤。象形，凤飞，群鸟从以万数，故以为朋党字。

按：朋为纯形，凤为形声字。

乌　孝鸟也。象形。孔子曰："乌，于呼也。"取其助气，故以为乌呼。哀都切。四上乌部。

於　古文乌。象形。

𝄢 象古文乌省。

𝄢 鹊也。象形。七雀切。四上乌部。

𝄢 焉鸟，黄色，出于江淮。象形。有乾切。四上乌部。

段氏曰："今未审何鸟也。"

𝄢 鸱属。从隹，从丫，有毛角。胡官切。四上萑部。

吴承仕曰："此亦纯形。"

𝄢 玄鸟也。𦥑口，布翅，枝尾。象形。于甸切。十一下燕部。

乙 玄鸟也。齐鲁谓之乙，取其鸣自呼。象形。乌辖切。十二上乙部。

屮 草木初生也。象丨出有枝茎也。古文或以为草字。丑列切。一下屮部。

艸 丛生草也。象屮岳相并出也。仕角切。三上艸部。

丰 草蔡也。象草生之散乱也。读若介。古拜切。四下丰部。

木 冒也。冒地而生，东方之行。从屮，下象其根。莫卜切。六上木部。

𝄢 日初出东方汤谷所登榑桑木也。象形。而灼切。六下桑部。

𝄢 籀文。

戴侗曰："屮象木而三其枝，讹为三又，钟鼎文作屮，籀文乃屮之误。若从草右，则又自籀而讹之。

树达按：桑讹文，故不入复体象形。

不　　鸟飞上翔不下来也。从一，一犹天也，象形。方久切。十二上不部。

罗振玉曰："象花不形。花不为不之本义，许君说为、鸟飞不下，失其旨矣。"王国维曰："不者柎也。"郭沫若曰："以不为柎，说始于郑玄。《小雅·棠棣》'棠棣之华，鄂不韡韡'，《笺》云：承华者曰鄂，不当作柎，柎、鄂足也。古音不柎同。王谓不直是柎，较郑玄更进一境。余谓不者房也，象子房犹带余蕊。房熟则盛大，故不引申为丕。其用为不是字者，乃假借也。"

帝　　谛也，王天下之号也。从二，朿声。都计切。一上一部。

帝　　古文帝。

王国维曰："帝者，蒂也。象花萼全形。"郭沫若曰："∇象子房，⊨象萼。"

朿　　木芒也。象形。读若刺。七赐切。七上朿部。

禾　　嘉谷也。从木，从屮省，屮象其穗。户戈切。七上禾部。

段玉裁以从屮省三字为衍文，是也。

树达按：甲文作禾，于形尤近。

来　　周所受瑞麦来麰。二麦一夆，象其芒朿之形。天所来也，故为行来之来。《诗》曰："贻我来麰。"洛哀切。五下来部。

秫　　稷之黏者。从禾，术象形。食聿切。七上禾部。

术　　秫或省禾。

王筠曰："观术篆作术，盖即蜀秫，今之高粱也。其穗大而上出，丰年始有曲项者，故以大而曲者象其穗也。"

树达按：制字时先有术，后加禾旁为秫。许君列字，次第恰与此反，先列秫字，后列术字。故于术下云，秫或省禾。然此语实有语病，因初学或因此疑秫字先造，术字后造也。其实并不如此，许君本意亦不如此，只立辞小失耳。

米 分枲茎皮也。从中，八象枲皮也。匹刃切。七下米部。

田 陈也，树谷曰田。口十，阡陌之制也。待年切。十三下田部。

树达按：象田畦之形。

畮 耕治之田也。从田，象耕田沟诘屈也。直由切。十三下田部。

己 畮或省。

按：造字先有己，后加田旁为畮，与术秫例同。许君云："畮或省。"易滋误解。

圂 苑有垣也。从口，有声。于救切。六下口部。

圂 籀文圂。

亯 度也。民所度居也。从回，象城亯之重，两亭相对也。或但从口。古博切。五下亯部。

㐭 谷所振入。宗庙粢盛，仓黄㐭而取之，故谓之㐭。从入，回，象屋形，中有户牖。力甚切。五下㐭部。

树达按：人象仓廪屋盖形，许云从入，以振入为说，不可从。

宀 交覆深屋也。象形。武延切。七下宀部。

按金文宀字。偏旁作宀，于形为肖，篆文失其真形矣。

广 因厂为屋。象其对刺高屋之形。鱼俭切。九下广部。

吴承仕曰："厂，象所因之厂。"

户 护也。半门曰户。象形。侯古切。十三上户部。

按：甲文作 𠃋，于形为肖。户有防护之用，故以护训。此声训。

𦉫 邑外谓之郊。郊外谓之野，野外谓之林，林外谓之 𦉫。象远界也。古荧切。五下 𦉫 部。

按：十二篇上户部云："扃，外闭之关也。从户。同声。" 𦉫 字象门关之形，乃扃之初文。许说非是。

𡆧 在墙曰牖，在屋曰囱。象形。楚江切。十下囱部。

𡆧 古文。

在屋，谓在屋顶，今云天窗是也。

𡆧 窗牖丽 廔 闿明。象形。俱永切。七上 𡆧 部。

𢆶 细丝也。象束丝之形。莫狄切。十三上糸部。

𢆨 古文系。

衣 依也。上曰衣，下曰裳。象覆二人之形。于稀切。八上衣部。

徐灏曰："上为曲领，左右象袂，中象交衽。此象形文，明白无可疑者。"

巾 佩巾也。从冂、丨、象系也。居银切。七下巾部。

市 韠也。上古衣蔽前而已，市以象之。天子朱市，诸侯赤市，卿大夫葱衡。从巾，象连带之形。分勿切。七下市部。

按：字象物形，非从巾也。

裘 皮衣也。从衣，求声。一曰象形，与衰同意。巨鸠切。八上求部。

求 古文省衣。

按：字先有求，后加衣旁为裘，与术秫 𦭶 𣂪 同例。

　　舟　船也。古者共鼓货狄刳木为舟，刻木为楫，以济不通。象形。职流切。八下舟部。

　　按：舟甲文作夕、占，金文作𦩅、𦪉。

　　方　并船也。象两舟省，总头形。府良切。八下方部。

　　王筠曰："方象两舟省，𠃊在其上，是总摄其头也。"

　　车　舆轮之总名，夏后时奚仲所造。象形。尺遮切。十四下车部。

　　吴承仕曰："篆文当横视之作⊞，象一舆两轮一轴之形。晋桓玄时有桓字谣云：车无轴，倚孤木。见《晋书》是彼时犹知车字中之直为轴也。"

　　弓　以近穷远。象形。古者挥作弓。居戎切。十二下弓部。

　　按：以穷训弓，以双声为声训也。弓古音在登部，穷在冬部。

　　矢　弓弩矢也。从入，象镝括羽之形。古者夷牟初作矢。式视切。五下矢部。

　　王筠曰："入，其镝也。丨，其干也。𠀁，其括及羽也。全体象形字。"

　　刀　兵也。象形。都牢切。四下刀部。

　　按：甲文作𠚣。

　　乂　芟草也。从丿从𠄌相交。鱼废切。十二下丿部。

　　徐锴曰："象刈草之刀形。"

　　树达按：乂为芟草器，许但云芟草，词不备。

　　戈　平头戟也。从弋，一横之象形。古禾切。十二下戈部。

　　按：戈甲文作士。罗振玉曰："甲文戈全为象形。丨象柲，一象戈，非从弋。古金文或作戈，形已失矣。许君于象形诸字多云从某者，因形失而误会也。"

矛 酋矛也。建于兵车，长二丈。象形。莫浮切。十四上矛部。

戊 中宫也。象六甲五龙相拘绞也。莫候切。十四下戊部。

树达按：金文作**朱**，象兵器之形。周伯琦徐灏皆以为即矛字。

斤 斫木也。象形。举欣切。十四上斤部。

树达按：斤为斫木之器，许但云斫木，与**乂**下但云芟草病同。

吴承仕曰："金文作**厂**，于形为近。"

戉 斧也。从戈，乚声。王伐切。十二下戉部

按：甲骨文作**戉**。罗振玉曰："戉字象形，非形声。古金文或作**朱**，与此同。"

丁 夏时万物皆丁实。象形。当经切。十四下丁部。

朱骏声曰："象形。今俗以钉为之。"吴承仕曰："金文或作个，于形尤近。"

亅 钩逆者谓之亅。象形。衢月切。十二下亅部。

徐锴曰："钩喙之曲芒，今日逆须。"

勿 州里所建旗。象其柄有三游。文弗切。九下勿部。

㫃 旌旗之游㫃蹇之貌。从中，曲而下垂，㫃相出入也。读若偃。古人名㫃，字子游。于怀切。七上㫃部。

𣃔 古文㫃字。象旌旗之游及㫃之形。

罗振玉曰："说文谊颇难通。从中曲而下垂㫃相出入也十一字，段氏谓当作从中，曲而下垂得游，从入，游相出入也十五字。语意略显，然谓㫃从入，尚未得，盖㫃 字全为象形。卜辞作**㫃**，与古金文同。中象杠与

首之饰；乀象游形，段以为从入，非也。盖篆形既失，初意乃全不可知矣。"

𡩋 捕鸟毕也。象丝网，上下其竿柄也。所律切。十三下率部。

网 庖牺报结绳以渔。从门，下象网交文。文纺切。七下网部。

网 籀文网。

吴承仕曰："网网皆纯形，门门其维纲也。"

匚 受物之器。象形。府良切。十二下匚部。

匚 籀文匚。

凵 象器曲受物之形。或曰：曲，蚕薄也。丘玉切。十二下曲部。

乚 古文曲。

章炳麟曰："凵乚皆古文异体，犹匚匚皆古文异体，匚为籀文所承用，凵为小篆所承用，非史籀李斯所作也。"

𠂭 土器已烧之总名。象形。五寡切。十二下瓦部。

缶 瓦器，所以盛酒浆，秦人鼓之以节歌。象形。方九切。五下缶部。

甾 东楚名缶曰甾。象形。侧词切。十二下甾部。

甾 古文。

鼎 三足两耳，和五味之宝器也。《易》卦巽木于下者为鼎，象析木以炊也。都梃切。七卜鼎部。

　　按：甲骨文作𣇗𣇗𣇗。罗振玉曰："象两耳腹足之形，与古金文同。"
树达按：此字纯形。许云析木以炊。非是。

冖　覆也。从一下垂也。莫狄切。七下冖部。

鬲　鼎属也，实五觳。斗二升曰觳。象腹交文、三足。郎激切。三下鬲部。

豆　古食肉器也。从口，象形。徒候切。五上豆部。

古文豆。

段玉裁曰："上一象幎，中丨丨象校，下一象丌。"

皿　饭食之用器也。象形，与豆同意。读若猛。武永切。五上皿部。

凵　凵卢，饭器，以柳为之。象形。去鱼切。五上凵部。

壺　昆吾圜器也。象形，从大，象其盖也。户姑切。十下壶部。

王筠曰："此通体象形"。

鑑　酒器也。从金，象器形。大口切。十四上金部。

或省金。

按：制字先有后有鑑，与术秫例同。许君列字次第与造字次第倒置，故训说未融，易生误解。

用　可施行也。从卜从中，卫宏说。余讼切。三下用部。

古文用。

树达按：用字象木桶形，乃桶之初文。木部云："桶，木方，受六升，从木甬声。"

酉　就也。八月黍成，可为酎酒。象古文酉之形，与久切。十四下酉部。

甲骨文作。王国维曰："象尊形。"按十二辰，古人分配于十二月。

以夏正言之，正月建寅，则八月建酉，故许君以八月黍成可为酎酒立说。此明是牵合之论，不足为据也。

畐　满也。从高省，象高厚之形。房六切。五下畐部。

戴侗曰："畐即鍑字。籀文作鬲，盖象形文，见火部畐下。"吴承仕曰："副字籀文作𠠫，其形亦同，戴说似信"。

树达按：福字甲骨文作福，罗振玉说畐为酒尊形。

几　踞几也。象形。居履切。十四上几部。

且　荐也。从几，足有二横，一，其下地也。子余切又千也切。十四上且部。

且　古文以为且，又以为几部。

丌　下基也。荐物之丌。象形。居之切。五上丌部。

箕　簸也。从竹，𠀠象形，下其丌也。居之切。五上箕部。

𠀠　古文箕省。

　　亦古文箕。

　　皆古文纯形，丨丨亦象箕舌。《石经》古文作箕，可证。

𠦒　箕属，所以推弃之器也。象形。北潘切。四下𠦒部。

蕢　草器也。从草，贵声。求位切。一下草部。

臾　古文蕢。象形。

⿱竹互　可以收绳也。从竹，象形，中象人手所推握也。胡误切。五上竹部。

互　⿱竹互或省。

互笪 例与术秫、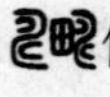例同。

 十升也。象形，有柄。当口切。十四上斗部。

 啎也。五月阴气午逆阳，冒地而出。此与矢同意。疑古切。十四下午部。

段玉裁曰："矢之首与午相似。"朱骏声曰："午，古杵字。"

树达按：春字从𠬞从午从臼，许君谓从𠬞持杵以临臼，是也。此午为杵字之确证。而许君不知午即杵字，谓春字从杵省，非是。实则午乃杵之初文，杵为后起之加旁字也。

 禁也。神农所作，洞越，练朱，五弦。周加二弦。象形。巨今切。十二下珡部。

洞，段为迥，通达也。越，谓琴瑟底之孔。迥孔者，琴腹中空而为二孔通达也。练者，质；朱，色也。

 庖牺所作弦乐也。从珡，必声。所栉切。十二下珡部。

 古文瑟。

 草木华甬甬然也。从𢎘，用声。余陇切。七上𢎘部。

按：甬上象钟悬，下象钟体，中二横画象钟带，乃钟字之初文。宋薛尚功《钟鼎彝器款识法帖》卷一载商箴四，铭文有甬字，薛氏释为钟，是也。许说恐非是。

 就也。从口大。于真切。六下口部。

江永云："象茵褥之文形中象缝线之理。"草部云："茵，车重席也。"巾部："席，古文作𠩄。"盖因乃茵之古文，象形字。许训就非也。

 舌儿。从谷省，象形。他念切。三上谷部。

卤 古文卤。

卤 卤与因及冒形近，乃簟字之古文也。许说非是。

卜 灼剥龟也。象灸龟之形。一曰：象龟兆之从横也。博木切。三下卜部。

卜 古文卜。

按：甲骨文作 V ㄐ 卜 诸形，许君后说是也。

州 灼龟坼也。从卜；兆，象形。治火切。三下卜部。

州 古文省。

按：造字先有兆，后有州，与术秫、己眼例同。

文 错画也。象交文。无分切。九上文部。

彡 毛饰画文也。象形。所衔切。九上彡部。

册 符命也。象其札一长一短，中有二编之形。楚革切。二下册部。

魁 老精物也。从鬼彡，彡鬼毛。密秘切。九上鬼部。

彔 古文。

鬼 籀文。从象省，从尾省声。

吴承仕曰："古籀皆纯形。或从鬼头或从豕头者，其形在人兽之间，八象毛，与篆文从彡同意。离魁蛔蜽皆所谓物怪，生山林之中，故以为老物所化"。

二、假形表事

前项以形表物之字，以文法学言之，皆名字也。然象形之字，不必皆为名字。由今观之，飞、ㅆ、齐、冓、皆动字，永、大、幺、卤皆静字也。故今于以形表物一项外，别设假形表事一项，以统此二类焉。此所谓事者，乃与物相对之称，与六书指事之事谓字形者无涉。王筠不知此义，乃定飞、齐、冓、卤为指事字，误矣。

（一）动　作

鸟翥也。象形。甫微切。十一下飞部。

段玉裁曰：“象舒颈展翅之状。”

草木华叶垂。象形。是为切。六下ㅆ部。

古文。

未麦吐穗上平也。象形。徂兮切。七上齐部。

交积材也。象对交之形。古候切。四下冓部。

（二）状　态

长也。象水巠理之长。《诗》曰：“江之永矣。”于憬切。十一下永部。

天大，地大，人亦大，故大象人形。古文大也。徒盖切。十下人部。

籀文大改古文，亦象人形。他达切。十下六部。

大六本一字，《说文》误分二部。如奚夞等字，《说文》皆从六，而金文则皆从大，不从六也。

小也。象子初生之形。于尧切。四下幺部。

𠘧 鸟之短尾，飞几几也。象形。市朱切。三下几部。

𢎘 嘾也。草木之华未发𢎘然，象形。乎感切。七上𠧪部。

𠧪 草木实垂𠧪𠧪然。象形。徒辽切。七上𠧪部。

第二节 复体象形

按同一形而二之三之重叠以为字者，为复体象形。

一、以形表物

晶 精光也。从三日。子盈切，七上晶部。

孙诒让云：“晶即星本字，象其小而众，原始象形当作晶。《说文》曑亦从晶，金文梁上官鼎参分字省作晶，是也。后人增益作曐，遂生分别耳。”［注：见《名原》上卷古章原象第二］

树达按：孙说至确。此字初文作晶，后注中作晶。晶、生古音同在青部，音相近，于初文加声旁则为曐、曐。曐省乃为星。其字之变化次第，灼然可见。许君认⊙为日字，谓晶从三日。误之甚者也。必知如此者，曑为商星，曟为房星，字皆从晶，若晶非星字，何以二星名皆从晶字？或疑晶星今读不同，不悟此乃后来音变，古音星字盖与晶同。《礼记月·令疏》引《春秋说题辞》云：“星之为言精也。”《说文》亦以万物之精释星，《吕氏春秋·环道篇》假精为星，此皆星古读晶之证也。加声旁以生为之者，犹旌、精之皆从生矣。

仌 冻也。象水凝之形。笔凌切，十一下仌部。

按：象层冰也。

禸　母猴也。其为禽好爪，母猴象也，下腹为母猴形。

王育曰："爪象形也。"远支切，三下爪部。

拐　古文为。象两母猴相对形。

羽　鸟长毛也。象形。王矩切。四上羽部。

竹　冬生草也。象形，下垂者箁箬也。陟玉切。五上竹部。吴承仕曰："古文作ㅆ，据古文偏旁。篆作竹，皆象竹叶下垂之形。箬以包笋，不下垂。许说似误。"

門　闻也。从二户，象形。莫奔切。十二上门部。

厽　絫坺土为墙壁。象形。力轨切。十四下厽部。

二、假形表事

（一）动　作

卯　事之制也。从卩厂。阙。去京切。九上卯部。

甲文作，或作。罗振玉云："此为向背之向字，字从二人相向，犹北从二人相背。许君谓为事之制者，非也。"

树达按：许君云阙，阙其音也。大徐据卿字作音，非是。今得罗说，此字之义固跃然，而音亦明矣。

鬥　两士相对，兵仗在后，象斗之形。都豆切。三下斗部。

段玉裁云："此非许语。当云争也，两凡相对，象形，谓两人手持相对也。文从两手，非两士。此必他家异说，浅人窜改许书，未可信也。"
罗振玉云："今卜辞斗作，象两人手搏之状，不见兵仗。"许说误。段说从两手，非两士，亦误也。

（二）状　态

卤 草木实垂卤卤然。象形。徒辽切。七上卤部。

晶 籀文三卤为晶。

小 物之微也。从八，丨见而分之。私兆切。二上小部。

甲文作小。商承祚云："卜辞作三点，示微小之意，与古金文同。许君训从八丨见而分之，殆非初谊矣。"

第三节　合体象形

合不同之形或二或三以为一字，是曰合体象形。

一、二形相连

足 人之足也。在下，从口止。即玉切。二下足部。

徐锴曰："口象股胫之形。"

树达按：许说不明，似以为会意字。段氏以为从口舌之口，谓口犹人，举口以包足以上。殊非其理。余疑此字久矣。近始悟口象股胫之形者，从立体视之之形也。股、胫、指、踵具，而足字之义始全，故字从口从止。股胫直立，形无可象，故以立体所视周围之形象之。然文字之布形。有平面而无立体，不能以口形置之上层，止形置之下层，如置物之有堆积也。无已，则以口置之上截，以止置之下截，以示口在上层，止在下层之意焉。徐氏口象股胫之说，从许君足字上象腓肠之说引申得来，可谓精矣。而未尝详言其故，遂令学子迷惘者千年。余一旦得之，然后知先民制作之苦心也。

🔹 足也。上象腓肠，下从止。古文以为《诗·大疋》字，亦以为足字，或曰胥之。所菹切。二下足部。

🔹 兽足谓之番。从采，田象其掌。附袁切。二上采部。

按：采象兽指爪分别，已见全体象形。

二、二形并峙

二形并峙者，并峙谓对立也。

🔹 竦手也。从𠂇，从又。居竦切。三上𠬞部。

🔹 引也，从反𠬞。普班切。三上𠬜部。

按：𠬞𠬜皆象形字，许于𠬞下云从𠂇从又，似以为会意，非也。

🔹 叉手也。从𦥑、彐。居玉切。三上臼部。

按：𦥑、彐皆爪字也。

🔹 足刺𣥘也。从止屮相背。北末切。二上𣥘部。

按：四字与复体象形异者，以手足虽同，显分左右，同而有不同者在也。

三、全形与偏形

全形与偏形者，全，今言整个；偏，今言部分。

🔹 牧也。从女，象褱子也。一曰：象乳子也。莫后切。十二下女部。

树达按：《广韵》引《仓颉篇》曰："其中有两点者，象乳形。"此即许君一曰之说，是也，褱子之说非是。按女，全形；八，象乳，表母之特征，偏形。古音母在呰部，牧在德部，二部为平入，母牧音近也。牧者，养也。母所以养子，是其义也。

尾　微也。从到毛在尸后。古人或饰系尾，西南夷亦然。无斐切。八下尾部。

树达按：尸者，人也，全形；到毛在后，谓尾，偏形。《后汉书·西南夷列传》曰："盘瓠之后好五色衣服，制裁皆有尾形"。近世生物学者谓人本有尾，后乃失之。尾字从尸，疑其字之制，尚在人未失尾之时，盖亦早矣。又按尾微古音同在微部，音相同。微者，小也。尾为物小，是其义也。

豕　豕也。从彑，从豕。式视切。九下彑部。

王筠曰："象疑即豕字重文，音义皆同。"

树达按：豕，全形；彑象豕首，偏形。

本　木下曰本。一在其下。布忖切。六上木部。

本　古文。

按：木为全形，⺍象根，偏形。本从一在木下，则指事字也。

果　本实也。从木，象果形在木之上。古火切。六上木部。

按：甲骨文作🌳，象果生于木之形，较象篆文为近真。木为全形，田🌰🔺皆偏形。

朵　树木垂朵朵也，从木，象形。丁果切。六上木部。

树达按：木全形，乃，象下垂之物，偏形。段氏云："凡枝叶华实之垂者皆曰朵朵，今人但谓一华为一朵。"

裔　衣裾也。从衣，冋声。余制切。八上衣部。

裔　古文裔。

吴承仕曰："∩象衣裾下垂之形。段玉裁以为几声，失之。"按吴说是也，此字衣为全形，∩为偏形。

向 北出牖也。从宀，从口。许谅切。七上宀部。

段玉裁曰："从口，象形。"按宀，交覆深屋也，全形。口象牖，偏形。

軎 车轴端也。从车，象形，杜林说。于岁切。十四上车部。

段玉裁曰："口象毂端之孔。"按车，全形。口偏形。

四、主形与从形

主形与从形者，主谓主体，从谓附随也。

包 妊也。象人裹妊，巳在其中，象子未成形也。布交切。九上包部。

按：肉部胞下云："儿生裹也。"包即胞之初文，胞为后起加形旁字。勹象裹，主形。巳象子未成，从形。

夫 丈夫也。从大，一以象簪。周制，八寸为尺，十尺为丈。人长八尺，故曰丈夫。甫无切。十下夫部。

段玉裁云："一以象簪下宜依《御览》补'冠而后簪，人二十而冠，成人也'十二字，此说一以象簪之意。"按大，主形。一从形。

牢 闲养牛马圈也。从牛，冬省，取其四周帀也。鲁刀切。二上牛部。

徐灏曰："冂象圈形，与柙之古文甲同意。许云从冬省，非也。"
按：徐说是也。冂为主形。牛，从形。

柙 槛也，以藏虎兕。从木，甲声。乌匣切。六上木部。

甲 古文柙。

吴承仕曰："屮为牛之省，与牢字同意。

树达按：甘象槛，主形。屮象牛，从形。

祖　礼俎也。从半肉在且上。侧吕切。十四上且部。

按：且象俎，主形。夂象半肉，从形。

豊　行礼之器也。从豆，象形卢启切。五上丰部。

徐灏曰："曲象器中有物。"

树达按：豆，主形。曲从形。

豐　豆之丰满者也。从豆，象形。敷容切。五上丰部。

豐　古文丰。

徐锴曰："曲象器中所盛满形。"

树达按：古文亦同。豆主形。曲从形。

臼　春也。古者掘地为臼，其后穿木石，象形。中，米也。其九切。七上臼部。

字若单作凵形，则第为坎陷而已，臼义不显也，故列米形以显之。凵，主形。中象米，从形。

侯　春飨所射侯也。从人，从厂，象张布，矢在其中。乎沟切。五下矢部。

侯　古文侯。

树达按：厂象张布，主形。射乐　必有矢，故从矢，从形。

五、能形与所形

能形与所形者，能谓主动，所言被动也。

厂　倚也。人有疾病，象倚箸之形。女厄切。七下厂部。

徐灏曰："厂即古床字。"

树达按：倚床者人也。一，象人，能形。丬为所倚者，所形。

殳　矩也，家长率教者。从又举杖。扶雨切。三下又部。

又者手也，举杖者又也，故又为能形。丨象杖，被举者也，故为所形。

昔　干肉也。从残肉，日以晞之。思积切。七上日部。

日晞残肉，日，主晞者也，故为能形。㐱象残肉，被晞者也，故为所形。

開　张也。从门，从开。苦哀切。十二上门部。

闁　古文。

树达按：一象门关，开象两手。两手取去门关，是开门也。故㕥为能形，一为所形。

闢　开也。从门，辟声。房益切。十二上门部。

闢　《虞书》曰："辟四门。"从门，从廾。

树达按：廾象两手，能形。门为两手所闢，所形。此字与开字古文同意。

毌　穿物持之也。从一横毌，毌象宝货之形。古凡切。七上母部。

按：一象穿之者，汉世所谓缗也，能形。毌为一所穿，所形。

六、物形与处形

物形与处形者，处言其所在也。

进也。象草木益滋上出达也。尺律切。六下出部。

出甲文作♨，从人足在坎内向外出之形，是也。许以为草木上出，误。廿象人足，物形。∪象坎，处形。

鸟在巢上。象形。日在西方而鸟栖，故因以为东西之西。先稽切。十二上西部。

古文西。

籀文西。

卜皆象鸟，物形。象巢，处形。

进也。象草木生出土上。所庚切。六下生部。

上象草木，物形。下象土，处形。

七、本形与杂形

本形与杂形者，本形，训义之所示也；杂形则其字训义以外之物也。然则本形足矣，造字者何以必具杂形乎？无杂形，则本形之义不显，故以此助之也。字之具杂形者颇多，约可分为四类。以下分述之：

（一）杂形表所

杂形表所者，所言处所也。此与前节之物形与处形，何以异乎？物形与处形之字必合二形而其义始成，缺其处形，则义不可得见。如出必具廿与∪二形而出之义始全，西必具卜与二形而栖之义始备，若无∪二形，则义不可得见是也。若本形与杂形表所之字，其表处所之形第为辅助之用，非若物形与处形之字处形不可缺也。

1. 示所从

雨 水从云下也。一象天，∩象云，水灵其间也。王矩切。十一下雨部。

囧 古文。

吴承仕曰："囧乃初文，∏象天字之覆。"

树达按：古文之囧囧象雨形，然不以天字之∏表之，则雨义不显。然∏第示雨所从来之处，非即雨也。故囧字于雨形之外实杂有他物之形，故曰杂形。篆文第十为雨形，一象天，∏象云，皆非即雨也，亦为杂形。

𤰔 水原也。象水流出成川形。疾缘切。十一下泉部。

徐灏曰："宀象泉穴，下象水流出形。"

2. 示所在

州 水中所居曰州，周绕其旁，从重川。职流切。十一下川部。

州 古文州。

按：甲文作州，与许古文略同。罗振玉曰："许君作州者，传写讹也。州为水中可居者，故此字旁象川流，中央象土地。"

树达按：许云从重川，自是误认，非传写讹也。中画中一点为州，余为州四周之水，表州之所在也。

淵 回水也。从水，象形。左右，岸也；中象水儿。乌亥切。十一上水部。

𣶒 渊或省水。

囦 古文从口水。

按：中象水儿，谓六也。不以左右岸明之，则水义不显。然左右岸之丨丨非水也，但示水之所在耳。故淵字含表所杂形，若渊则为加形旁字矣。

石 山石也。在厂之下，口象形。常只切。九下石部。

按：🔲为石形，厂表石之所在，非石也。故石字含杂形。

🔲 巴越之赤石也。象采丹井。象丹形。都寒切。五下丹部。

🔲 古文丹。

按：井为丹之所在，非丹也。特。之为丹，必待有井形而始显，故连类及井，而丹为含杂形之字焉。

🔲 𡱁盖也。象皮包覆𡱁，下有两臂而𠂇在下。读若范。亡范切。五下夊部。

王筠曰："字义为𡱁盖，字形则连及手足，此不可强通者。"

吴承仕曰："象形亦多术矣，有因彼显此者，有假全明偏者。诚使此文止有𠕄形，何由知其为皮包覆𡱁盖？必有手有足而𠕄之为人𡱁始明。"

树达按：吴说是也。𠕄象皮包脑盖，本形；而𠂇象手足，杂形也。

🔲 毛鼠也。象发在凶上及毛发鼠鼠之形。良涉切。十下凶部。

按：《《象发，🔲象毛发鼠鼠，本形。凶表发之所在，表所，杂形。

🔲 目上毛也。从目，象眉之形，上象额理也。武悲切。四上眉部。

段玉裁曰："𠂆象眉，额理谓𣎆，在两眉之上。"

树达按：𠂆之为眉，形义不显，故必杂列眉上之额理与眉下之目以显之。𠂆，本形；𣎆与目，示眉之所在，杂形。

🔲 颊毛也。象毛之形。如之切。九下而部。

段玉裁曰："首画象鼻端，次象人中。"

树达按：🔲表颊毛，本形；𠀁象鼻端及人中，示颊毛之所在，杂形。

🔲 口上阿也。从口，上象其理。其虐切。三上谷部。

按：𣎆表口上阿，本形；口表阿之所在，杂形。

🔲 口断骨也。象口齿之形，止声。昌里切。二下齿部。

 古文齿字。

按：中六画表齿，本形；∪表口腔，示齿之所在，杂形。齿为加声旁象形字矣。

 人颈也。从大省，象颈脉形。古郎切。十下亢部。

按：象颈脉理，本形；人从大省，象人首，杂形。盖之为颈脉，不必确然人皆知之，示其在人首之下。则颈脉之象显白无疑矣。

 背吕也。象胁肋形。读若乖。古怀切。十二上部。

段玉裁曰："丨象背脊，一象人腰，象脊左右胁肋之形。"

树达按：丨象背吕，本形；一皆说背吕之所在，杂形。

 粟实也。象禾实之形。莫礼切。七上米部。

按：以四点象米，其形难。明此物之附于禾，则粟实见矣。首云粟实者，正释米义。次云象禾实之形者，禾指十，实指∷，即假禾见米之意也。

 也。象形。古华切。七下瓜部。

徐锴曰："，实也。外，蔓也。"

树达按：瓜在蔓中，故、为表所，杂形。

 鸟在木上曰巢，在穴曰窠。从木象形。钮交切。六下巢部。

树达按：象鸟巢，本形。木为巢之所在，杂形。

 咽也。从口，益声。伊昔切。二上口部。

 籀文嗌。上象口，下象颈脉理也。

按：嗌为喉管，无形可象，故第以喉上口喉下之颈衬托出之，本形殆全不可见。以无类可归，姑附于此。

（二）杂形表属

杂形表属，属谓附属之物。本形与杂形表属之字，其形式与前节主形与从形之字颇相似而实不同者，彼缺从形，则字义不见，而此等字之属形，第为助明本形之用，虽去之而于义无妨。此其所以异也。

　　阴阳薄动　雨生物者也。从雨，晶象回转形。鲁回切。十一下雨部。

　　古文。

　　籀文，间有回。回，雷声也。

　　象雷之回转，本形。回表雷声，则雷之属性也，故为表属杂形。并加旁字。

　　宫中道。从口，象宫垣道上之形。苦本切。六下口部。

吴承仕曰："口象宫中，象道，象台观上见。"

树达按：为表属杂形。

　　八家一井。象构韩形，·之象也，子颖切。五下井部。

按：韩下云："井垣也。"井象井垣，本形。象，属于井者也，故为表属杂形。

　　小儿蛮夷头衣也。从冂，二其饰也。莫报切。七下曰部。

按：冂象头衣。

　　绅也。象系佩之形，佩必有巾，从巾。当盖切。七下巾部。

吴承仕曰："，横画象束腰之带，中∪象带纽，左右二小直象左右佩。下二直象绅之垂。字又从巾，位于形之中，故垂绅分在两相，此由作篆之便耳。或遂误谓下从重巾，非也。"

树达按：吴说是也。**芾**为本形，左右佩及巾皆隶属于带之物也，故为杂形。

王 　石之美，有五德。象三玉之连，丨，其贯也。鱼欲切。一上玉部。

王 　古文玉。

段玉裁曰："贯谓如璧有纽、佩有组、聘圭有系、**璗**留有五采丝绳、苟偃以朱丝系玉二瑴之类。"徐锴曰："古文有**八**，亦系也。"吴承仕曰："**八**盖组系之垂以为饰者。"

树达按：三为三玉，本形；丨为贯，**八**为组系之垂，皆附属之物，故为表属杂形。

車 　舆轮之总名。夏后时奚仲所造。尺遮切。十四上车部。

𩨸 　籀文车。

按：古车上建戈，故字从戈，此附属于车者，故为表属杂形。

鬲 　鼎也。古文亦鬲字。象孰饪五味气上出也。郎激切。三下鬲部。

按：许书本有鬲字，已见前独体象形。加 **{** 象气上出，则加杂形矣。

帊 　帱帐之象。从冂，**屮**，其饰也。苦江切。七下冂部。

徐锴曰："**屮**象幄上饰形，非之适之字。"

树达按：冂，本形；**屮**为饰，杂形。

（三）杂形表体

杂形表体，体谓人身体也。

先 　首笄也。从人，匕象簪形。侧岑切。八下先部。

按：匕为本形，人为表体杂形。又按夫字从大，一象簪，与先字构造全同。而分类异者，彼训丈夫，故以大为主形，此训首笄，故以人为杂形也。

〔兂〕 尢尢行貌。从人出Ｈ。余箴切。五下Ｈ部。

按：木部云："枕，卧所荐首者。从木，冘声。"今谓冘即枕之初文，许说非是。Ｈ象枕，从人荐于枕上。Ｈ本形；人，表体杂形。枕为后起加形旁字。

〔党〕 冕也。从儿，象形。皮变切。八下儿部。

〔冃〕 籀文党。从収，上象形。

〔弁〕 或党字。

按：兒从儿，白象人面。党从儿者，小象弁形，戴于人面之上也。籀文之⊕、或体之人，皆象弁形。収示两手承之。小⊕人皆本形，儿与収皆杂形表体者也。

〔衰〕 草雨衣。从衣，象形。稣禾切。八上衣部。

〔𠆌〕 古文衰。

朱骏声曰："𠆌上象笠，中象人面，下象衰形。"

树达按：𠆌，本形；口，象面，表体杂形；表笠亦杂形，但非表体耳。

〔盾〕 瞂也。所以扞身蔽目，象形。食闰切。四上盾部。

徐锴曰："开象盾形。"徐灏曰："外象盾脊，内象手所握雊，侧视形也。"

树达按：盾蔽目，故从目以显其为盾。开，本形。目，表体杂形。

〔巨〕 规巨也。从工，象手持之。其吕切。五上工部。

〔𢀫〕 古文巨。

按：古文之𠬛、篆文之⊐，皆象手。工，本形。𠬛⊐皆表体杂形。

𢬿　扫竹也。从又持𡲬。祥箴切。三下又部。

按：𡲬象扫竹，本形又为人手，表体杂形。

聿　所以书也。楚谓之聿，吴谓之不律，燕谓之弗。从聿，一声。余律切。三下聿部。

按：卜辞作𦘒。罗振玉曰："字象手持笔形，乃象形，非形声也。"树达按：丨象笔，本形。彐象手，表体杂形。

箕　簸也。从竹，甘，象形。下，其丌也。居之切。五上箕部。

𠔱　古文箕。

𠥩，本形。𠬞，象二手持之，表体杂形。

爵　礼器也。象爵之形，中有鬯酒，又，持之也。所以饮器象爵者，取其鸣节节足足也。即略切。五下鬯部。

吴承仕曰："𣪊属纯形，鬯、又为后来所增益。从又，犹𥁰之从𠬞，殳之从又。从鬯，犹廩之从禾，酋之从半水也。疑古文自有𣪊字，而许书不录也。角部籀文觞作𧢲，云从爵省，当云从𣪊易声。"

树达按：吴说是也。鬯表属，又为手，表体，实兼二杂形也。今以其从又，列此。

（四）杂形表器

杂形表器者，器谓器具也。

子　十一月阳气动，万物滋，人以为偁。象形。即里切。十四下子部。

𣎼　籀文字。囟有发，臂胫在几上也。

按：𤿩，本形。几为表器杂形。

谷之馨香也。象嘉谷在裹中之形。匕，所以扱之。或说：皂，一粒也。皮及切。五下皂部。

以秬酿郁草，芬芳条畅以降神也。从凵；凵，器也。中象未。匕，所以扱之。丑谅切。五下鬯部。

按：凵匕皆器也，为表器杂形。

进也。日出，万物进。从日，从臸。即刃切。七上日部。

晋为箭字之初文。《仪礼大射仪》注云："古文箭作晋。"《周礼职方氏》注云："故书箭为晋。"并其确证也。此字格伯殷作𣌰，魏三体石作𣌰，皆象二矢插器中之形。字不从日，许说误。艸象矢，本形。下〇🥄，表器杂形也。

第四节　省体象形

省体象形者，从象形字中减省其一部分以为形者也。

莫也。从月半现。祥易切。七上夕部。

按：夕从月字省形。

尥也。从子无臂，象形。卢乌切。十四下了部。

无右臂也。从了乀，象形。居桀切。十四下了部。

按：此从子省右臂形，许君从了乀 象形之说，非是。

无左臂也。从了丿，象形。居月切。十四下了部。

按：此从子省左臂形，许说非是。

剔人肉置其骨也。象形。头隆骨也。古瓦切。四下冎部。

按：从骨字省形。

卢 列骨之残也。从半冎。五割切。四下歺部。

徐铉曰："不当有中一。秦刻石有之。"

丫 羊角也。象形。工瓦切。四上丫部。

按：从羊字省形。

彑 豕之头。象其锐而上见也。居例切。九下彑部。

按：疑从㣇或象字省形。

虍 虎文也。象形。荒乌切。五上虍部。

按：从虎字省形。吴承仕曰："据金文当是虎头之形"。

非 违也。从飞下翅，取其相背。甫微切。十一下非部。

按：飞字作飞。非字省其上截鸟首及中画鸟身，但取其下截两翅
之形。

卂 疾飞也。从飞而羽不见。息晋切。十一下卂部。

按：从飞字省去首毛及两翅之形。

吴承仕曰："非象两翅，卂象羽不见。虽从飞省，然皆有物可象，旧以
为指事，失之。"

片 判木也。从半木。匹见切。七上片部。

按：木篆作木，此取其半也。

櫱 伐木余也。从木，献声。五葛切。六上木部。

蘖 或从木，薛声。

㮂 古文献。从木无头。

甶　鬼头也。象形。敷勿切。九上甶部。

章炳麟曰："禺及虚中猛兽头悉作甶，疑鬼亦怪兽。古怪兽与人鬼不甚分别，故离彪蛐蜦鬼神禽兽通言矣。"

第五节　变体象形

变体象形者，取他象形字易其全部之位置、或小变其笔画以为形者也。

𠕲　水之衺流别也。从反永。匹卦切。十一下𠕲部。

𠧢　不顺忽出也。从到子。《易》曰："突如其来如"，不孝子突出，不容于内也。他骨切。十四下𠧢部。

𠐜　或从到古文子。

徐灏曰："戴侗云：𠧢，子生顺如脱也。子生必先首下，许氏以顺为逆。灏按戴说是也。疏从𠧢，疏者通也；流从𠕲，亦取顺流，必非谓逆流也。朱骏声说略同。"

匕　相与比叙也。从反人。匕亦所以用比取饭，一名柶。毕履切。八上比部。

王筠云："匕字两形各义，许君误合之。一名柶之匕，盖本作𠤎，象柶形。"

树达按：匕从反人而训相与比叙，形与义不相合，其说非也。妣字甲文金文皆作匕，知匕为妣之初文。男女同为人而女异于男，故匕字从反人以见意。《说文》妣或作𣎳，盖造字之次第，初有反人之匕，次有加形旁之𣎳，最后作妣，则为形声字矣。英文 man 训人，而女子则为 woman。其与中土异者，彼加声以为别。此变形以为别耳。其根于人字则一也。

尸　陈也。象卧之形。式脂切。八上尸部。

王筠徐灏以尸即人字横陈之，又引长其末笔。尸人相通，故尸部字多主人事。

匕　变也。从到人。呼跨切。八上匕部。

按：真字从匕，训云："仙人变形以登天也。"然则匕训变，实指人类变形之事，非谓一切泛常之变化也。人死亦变化之事，故曰匕。《孟子》云："且比化者无使土亲肤"，假化作匕，化者谓死者也。如指一切泛常之变化言之，则从到人之故，不可说矣。

屰　不顺也。从干下屮屰之也。鱼戟切。三上干部。

按：此字形义不可通。甲文作屰，从倒大，是也。许误其形介。罗振玉云："屰示人自外入之状，与逆字同意。"树达按：大象人形，倒大即为屰，非谓人自外入也。

夭　倾头也，从大，象形。阻力切。十下矢部。

夭　屈也。从大，象形。于兆切。十下夭部。

交　交胫也。从大，象交形。古爻切。十下交部。

尢　曲胫也。从大，象偏曲之形。乌光切。十下尢部。

県　到首也。贾侍中说，此断首到县県字。古尧切。九上県部。

旡　饮食气屰不得息曰旡。从反欠。居末切。八下旡部。

殄　尽也。从歺，今声。徒典切。四下歺部。

殄　古文殄如此。殄从匕之反文，人尽为匕，物尽为殄也。

稽　木之曲头，止不能上也。古兮切。六下稽部。

第六节　状事象形

以上皆状物象形也，然象形有状事者，述之于下。

儿　别也。象分别相背之形。博拔切。二上八部。

△　三合也。从△一，象三合之形。读若集。秦入切。五下△部。

𦟌　缀联也。象形。陟劣切。十四下𦟌部。

丩　办积物也。象形。直吕切。十四下宁部。

予　推予也。象相予之形。余吕切。四下予部。

丩　相纠缭也，一曰：瓜瓠结丩起。象形。居丩切。三上丩部。

按：象纠缭之形。

九　阳之变也。象其屈曲究尽之形。举有切。十四下九部。

五　五行也。从二，阴阳在天地间交五也。疑古切。十四下五部。

乂　古文五，省。

按：乂象交午之形，不必阴阳也。

第七节　加旁象形

一、加义旁

象形之字有别加义旁者，如丘加土旁为垄，它加虫旁为蛇，术加禾旁为秫，鬲加瓦旁为甋，此许君所已知而列为重文者也。亦有许君所偶未照，分列为二文者。然细意考之，二文之音义略无殊异，实当视为一字，不应别列为二文。今就许君所己及推及其所未言者，列之于此。义旁亦可谓之形旁。

 阴阳薄动靁雨生物者也。从雨，畾象回转形。鲁回切。十一下雨部。

 古文靁。

 籀文靁。

按：𤴐加雨为靁。

 土之高也，非人所为也。四方高中央下为丘。象形。去鸠切。八上丘部。

 古文，从土。

⿱北土古文从土，谓古文丘字有从土者。丘字亦古文，非谓丘为小篆，而⿱北土为古文也。制字之次，丘在前，⿱北土在后。以下类此者仿此。

 臂上也。从又，从古文厶。古薨切。三下又部。古文厷。象形。

 厷或从肉。

按：厶字最先造，次加形旁又为厷，再加肉旁为肱。

 毛冄冄也。象形。而检切。九下冄部。

 颊须也。从须，从冄，冄亦声。汝盐切。九上须部。

冄 为髯之初字，字象左右两颊及其毛，许误分之。

 筋也。象人筋之形。治功曰力，能圉大灾。林直切。十三下力部。

 胁骨也。从肉，力声。卢则切。四下肉部。

力即肋之初字，肋加形旁肉耳。许误分之。

♋ 虫也。从虫而长，象冤曲垂尾形。上古草居患它，故相问无它乎。托何切。十三下它部。

蛇 它或从虫。

今误分它蛇为二字，古本一字也。

鳳 神鸟也。从鸟，凡声。冯贡切。四上鸟部。

朋 古文凤。象形。凤飞，群鸟从以万数，以为朋党字。

鵬 亦古文凤。

朋 今作朋，加鸟旁为鹏，今分凤朋鹏为三字矣。

乙 玄鸟也。齐鲁谓之乙，取其鸣自呼。象形。乌辖切。十二上乙部。

鳦 乙或从鸟。

乙 加鸟旁为鳦。

米 木芒也。象形。七赐切。七上末部。

莿 莿也。从艸，末声。楚革切。一下草部。

按：此二文亦一字，许误分之。

来 周所受瑞麦来麰。二麦一夆，象芒束之形。洛哀切。五下来部。

秾 齐谓麦秾也。从禾，来声。洛哀切。七上禾部。

此二文本一字，秾加禾旁耳。许误分之。

秫 稷之黏者。从禾，术象形。食聿切。七上禾部。

术 秫或省禾。

造字先有术，后有秋。非先有秋，后省禾也。

戸　护也。半门曰户，象形。侯古切。十二上户部。

戻　古文户，从木。

户加木旁为栋。

囪　在墙曰牖，在屋曰囱。象形。楚江切。十下囱部。

囲　古文。

窗　或从穴。

囱囲　皆象形字，囱加穴为窗。

亩　谷所振人。宗庙粢盛，仓皇亩而取之，故谓之亩。从入，回，象屋形，中有户牖。力甚切。五下亩部。

廩　亩或从广从禾。

人象屋盖，非从人也。亩加广旁禾旁为廩。

畮　耕治之田也。从田，象诘屈之形。直由切。十三下四部。

畐　畴或省。

畐加田旁为畮，今作畴。

裘　皮衣也。从衣，象形，与衰同意。臣鸠切。八上裘部。

求　古文省衣。

求加衣旁为裘。许云古文省衣，似先有裘后有求者，非也。

方　并船也。象两舟省总头形。府良切。八下方部。

汸　方或从水。

方加水为汸。

乂　芟草也。从丿从乀相交。鱼废切。十二下部。

㓷　乂或从刀。

乂加刀为刈。

矛　酋矛也。象形。莫浮切。十四上矛部。

𥍠　古文矛，从戈。

矛加戈为𥍠。

㫃　州里所建旗。象其柄有三游，杂帛，幅半异。文弗切。九下㫃部。

旂　㫃或从认。

㫃加认为旂。

鬲　鼎属。象腹交文，三足。郎激切。三下鬲部。

䰜　鬲或从瓦。

鬲加瓦为䰜。

豆　古食肉器也。从口，象形。徒候切。五上豆部。

梪　木豆谓之豆。从木。豆徒候切。五上豆部。

豆加木为梪，许误分之。

鎣　酒器也。从金，亚，象器形。大口切。十四上金部。

亚　鎣或省金。

先有亚，后加金为鎣，非先有鎣　后省金也。

𥴧　可以收绳也。从竹，象形，中象人手所推握也。胡误切。五上竹部。

互 筥或省。

互加竹为筥。

午 牾也。五月阴气午逆，阳冒地而出。疑古切。十四下午部。

杵 舂杵也。从木，午声。昌与切。六上木部。

午象杵形，即杵之初文。舂字篆作𦥑，从𠬞持午临臼，是其证也。许误分之。

甬 草木华甬甬然也。从弓，用声。余陇切。七上弓部。

鐘 乐钟也。秋分之音。物种成。从金，童声。职茸切。十四上金部。

銿 钟或从甬。

甬象钟形，即钟之初文。甬加金旁为銿。许误分之。

因 就也。从口大。于真切。六下口部。

茵 车重席也。从草，因声。于真切。一下草部。

鞇 司马相如说，茵从革。

因为象形字，即茵鞇之初文。许误分之。

兆 灼龟坼也。从卜兆，象形。治女切。三下卜部。

𭕄 古文兆省。

兆加卜为兆。

册 符命也。诸侯进受于王也。象其札一长一短，中有二编之形。

楚革切。二下册部。

𥳑 古文册，从竹。

册加竹为𥳑。

𡈼 𡎡拔土为墙壁。象形。力轨切。十四下𡈼部。

坴 𡎡坴也。从𡈼，从土。力轨切。十四下𡈼部。

二文为一字，𡈼加土旁耳。许误分之。

亢 人颈也。从大省，象颈脉形。古郎切。十下亢部。

頏 亢或从页。

頏加义旁页。

包 象人裹妊。巳在中，象子未成形也。布交切。九上包部。

胞 儿生裹也。从肉，从包。匹交切。九上包部。

二字本一字，胞加形旁肉耳。许误分之。

甲 东方之孟，阳气萌动。从木戴孚甲之象。一曰：人头宜为甲，甲象人头。古狎切。十四下甲部。

柙 槛也，所以藏虎兕也。从木，甲声。乌匣切。六上木部。

𣜩 古文柙。

甲魏《三体石经》古文作𣜩，与柙古文略同，知甲即柙之初文，甲加木旁为柙耳。

昔 干肉也。从残肉，日以晞之。思积切。七上日部。

𦠿 籀文从肉。

昔加肉为腊。

册 穿物持之也。从一横冊，冊象宝贝之形。读若冠。古丸切。七上冊部。

贯 钱贝之贯。从毌贝。古玩切。七上毌部。

毌 象宝贝，后又加贝旁。

淵 回水也。从水，象形。左右，岸也；中，象水儿。乌玄切。十一上水部。

淵 渊或省水。

字先有淵，后加水旁为渊。

丹 巴越之赤石也。象采丹井，·象丹形。都寒切。五下丹部。

彤 古文丹。

丹加彡为彤。

鼠 毛鬣也。象发在囟上及毛发鼠鼠之形。良涉切。十下囟部。

鬣 发鬣鬣也。从髟，鼠声。良涉切。九上髟部。

鬣 鬣或从毛。

鬣 或从豕。

鼠与鬣为一字，鬣加髟旁耳。髟训长发。义近也。许误分之。

革 兽皮治去其毛曰革。革，更也。象古文革之形。古核切。三下革部。

革 古文革。从三十，三十年为一世而道更也，臼声。

翱 翅也。从羽，革声。古翩切。四上羽部。

按：革乃翱之初文。古文革 象两翅，象鸟口及身尾。许说误。翱加义旁羽耳。

象　硙硙行貌。从人出凵。余箴切。五下凵部。

象　卧所荐首者。从木，硙声。章衽切。六上木部。

硙即枕之初文，硙加木为枕耳。许误分之。

巨　规巨也。从工，象手持之。其吕切。五上工部。

巨或从木矢，矢者其中正也。

巨加木旁矢旁为榘。

象　扫竹也。从又持蚩。祥岁切。三下又部。

象　彗或从竹。

彗加竹为篲。

象　水之衺流别也。从反永。匹卦切。十一下辰部。

象　别水也。从水辰，辰亦声。匹卖切。十一上水部。

象　相与比叙也。从反人。毕履切。八上匕部。

象　殁母也。从女，匕声。毕履切。十二下女部。

象　籀文姚省。

匕，初文。加女旁为姚。以上初文及加旁字并见者。

象　阴阳薄动雷雨生物者也。从雨，晶象回转形。鲁回切。十一下雨部。

象　古文靁。

疑当有初文晶⚬⚬，许书未见。或晶乃古文雷之省。

雹　雨冰也。从雨，包声。蒲角切。土下雨部。

雹　古文雹。

品象水雹之形，当为初文。加雨旁为雹耳。

凷　墣也。从土，一屈，象形。苦对切。十三下土部。

肩　髆也。从肉，象形。古贤切。四下肉部。

胃　谷府也。从肉，田，象形。云贵切。四下肉部。

蜀　葵中蚕也。从虫，上目，象蜀头形；中象其身蜎蜎。市玉切。十三上虫部。

蟊　虫食草根者。从虫，象其形。莫浮切。十三下虫部。

蓑　草雨衣。从衣，象形。稣禾切。八上衣部。

古文作衰，为杂体象形字。此加衣作蓑，但未见独体冄字。或者以冄为颊须字，避之耶？

卤　西方鹹地也。从西省，象盐形。郎古切。十二上卤部。

磬　乐石也。从石，殸象县虡之形，殳击之也。苦定切。九下石部。

磬　籀文省。

声　为象形。从殳，从石，皆义旁也。

朱　两刃臿也。从木。丫，象形。互瓜切。六上木部。

畢　田冈也。从華，象毕形微也。或曰田声。卑吉切。四下華部。

按：甲骨文作■。罗振玉曰："卜辞诸毕字正象网形，下有柄，即许君所谓象毕形之■也。但篆文改交错之网为平直相当，于初形已失，后人又加田，于是象形遂为会意。汉画象刻石凡捕兔之毕当与■字形同，是田网之制汉时尚然也。"

树达按：罗说是也。毕网用于田猎，故加义符之田，乃加义旁象形字，罗以为会意，则非耳。

■ 玉爵也，从斗。凸，象形。古雅切。十四上斗部。

以上皆义旁象形，而初文朱见于《说文》者。甲文有■■字，为胃蜀字初文。

二、加声旁

字之为言孳也，言其孳乳而益多也。象形之字，于加义旁之外又有加声旁者。如厂加声旁干为■，网加声旁亡为■，尢加声旁■为■，此许君所已知列为重文者也。今日古声韵之学大明，吾人得据此由许君所已知推及其所未述。例如有二字，吾人既已由古音知其音之相同，又由字形或说解之其义之无别，虽欲不以为一字，岂可得也亦有许君误说，今灼然知其当与某字为一字者。凡此研讨，意在求文字之真诠，初不敢为凿空之论，以疑误来学也。

本象形字也，而加声旁，此非即形声字乎？曰，非也。形声字形与声对立，缺一不可，去其声则字不成。象形加声旁之字，象形为主体，而声旁有类乎赘肬，有声旁固足为发音之肋，去其声旁而其字之音义固自若也。故二者形式虽至肖，而实不同也。

厂 山石之崖岩，人可居。象形。呼旱切。九下厂部。

■ 籀文。从干。

按：厂为象形，小篆之仍古文者也。籀文加声旁干字。干厂古音同在寒部。

火 毁也，南方之行。炎而上，象形。呼果切。十上火部。

燬 火也。从火，毁声。许伟切。十上火部。

煋 火也。从火，尾声。许伟切。十上火部。

按：火毁尾三字古音同在微部。毁煋与火音同，又皆训火，故知其为火字加声旁也。

己 中宫也。象万物辟藏诎形也。居拟切。十四下己部。

𦔮 长踞也。从己，其声。读若杞。既己切。十四下己部。

按：𦔮象人长踞之形，𦔮字加声旁耳。己其古音同在咍部。

兒 颂仪也。从人，白，象人面形。莫教切。八下儿部。

貌 儿或从页，豹省声。

貌 籀文儿，从貌省。

儿，象形，加豹省声旁。

𦣻 颐也。象形。与之切。十二上臣部。

𦣞 广臣也。从臣，巳声。与之切。十二上臣部。

按：巳臣同在咍部，疑巳为加声旁字也。

卪 瑞信也。象相合之形。字结切。九上卪部。

𦥯 胫头卪也。从卪，腰声。息七切。九上卪部。

按：卪象膝盖形，即膝之初文。卷字从卪，训膝曲，其确证也。腰与卩古音同在屑部。卩加声旁厀为膝耳。

网 庖牺所结绳以渔。从冂，下象网交文。文纺切。七下网部。

网 网或从亡。

网 古文网。

网 籀文网。

按：网网皆纯形，或体。网加声旁亡，古文网从网省，亦加声旁亡。网亡古音皆在唐部。

凵 象器曲受物之形。或曰：曲蚕薄也。丘玉切。十二下曲部。

凷 胠曲也。从曲，玉声。丘玉切。十二下凵部。

按：凷与凵本一字，胠曲之义即器曲之引申。曲玉同在古音屋部，凷从玉声，纯形外加声旁玉耳。许以为二字，非也。

箕 簸也。从竹。甘，象形，下其丌也。居之切。五上箕部。

甘 古文箕，省。

箕 籀文箕。

按：甘象形，其加声旁丌。古音其丌同在咍部。许云下其丌，义不明，盖误。

午 牾也。五月阴气午逆阳，冒地而出。疑古切。十四下午部。

牾 逆也。从午，吾声。五故切。十四下午部。

按：午为杵之初字，已见前。午吾古音同在模部，午牾二字声义并同，实一字也。牾从吾声，纯形午外加声旁吾耳。许以为二字，非也。吴承仕说。

🎋 禁也，神农所作。象形。巨今切。十二下珡部。

🎋 古文珡，从金。

按珡象形，古文加声旁金，珡金古音同在覃部。

🎋 禾麦吐穗上平也，象形。徂兮切。七上齐部。

🎋 等也。从齐，妻声。徂兮切。七上齐部

按：齐齌义同，实一字也。齐妻古音同在微部，齌于齐外加声旁妻耳。许误分之。

🎋 长也。象水巠理之长。《诗》曰："江之永矣。"于憬切。十一下永部。

🎋 永长也。从永，羊声。《诗》曰："江之羕矣。"余亮切。十一下永部。

按：永羕同字，羕于象形之外加声旁羊耳。古音羊永同在阳部。

🎋 精光也。从三日。子盈切。七上晶部。

🎋 万物之精上为列星。从晶，生声。一日象形。从口，古口复注中。故与日同。桑经切。七上晶部。

🎋 古文星。

🎋 星或省。

按：ooo为星之初文，说已见前。此加声旁生字。晶生古音同在青部。

🎋 两土相对，兵仗在后。象斗之形。都豆切。三下斗部。

𣂁 遇也。从斗，𣂁声。都豆切。三下斗部。

按：𣂁为复体纯形字，已见前。斗则加声旁字也，斗𣂁二字同在古音侯部。许误分为二耳。

雨 水从云下也。一象天，门象云，水霝其间也。王矩切。十一下雨部。

霫 雨貌。方语也。从雨，禹声。读若禹。王矩切。十一下雨部。

按：雨与禹古音同在模部，二字音同。霫与雨音义并同，实一字也。

霫 加声旁禹耳。

片 判木也。从半木。匹见切。七上片部。

版 判也。从片，反声。布绾切。七上片部。

反片同寒部唇音字。版片义同，实一字也，特版加声旁反耳。许以为二文，非是。

尢 尣曲胫也。从大，象偏曲之形。乌光切。十下尢部。

尪 古文。从㞷。

按：尢㞷古音同在唐部。尢为象形，尪于纯形外加声旁㞷耳。

以上初字及加旁字并存者。

氏 巴蜀名山岸胁之旁箸欲落堕者曰氏。氏崩，声闻数百里。象形，乁声。承旨切。十二下氏部。

按：𠂤，象形。乁，声旁。

齿 口断骨也。象口齿之形，止声。昌里切。二下齿部。

按：字从口。齒象上下齿。

禽　走兽总名。从禸，象形，今声。禽离兕头相似。巨今切。十四下禸部。

象　豕也。后蹄废谓之彘。从彑，从二匕，矢声。彘足与鹿足同。式视切。九下彑部。

按：彑下云："豕之头，象其锐而上见也。"此云："彘足与鹿足同"，然则此字彑从皆象形也。矢声。

雇　周燕也。从隹。屮，象其冠也。内声。户圭切。四上隹部。

以上象形加声旁，未见初文。

三、兼加声义旁

箕　簸也。从竹，甘，象形；下，其丌也。居之切。五上箕部。

甘　古文箕，省。甘　为初文，加声旁丌为其，复加义旁竹。

网　庖牺所结绳以渔。从冂，下象网交文。文纺切。七下网部。

网　网或从系。网为初文，加声旁亡，复加义旁系。

以上二字，初文及加旁字并见。

能　熊属。足似鹿，从肉，吕声。奴登切。十上能部。

按：足象形，肉，义旁；吕，声旁。

牵　引前也。从牛，象引牛之縻也。玄声。苦坚切。二上牛部。

按：∩象引牛之縻。牛，义旁；玄，声旁。

龙　鳞虫之长。能幽能明，能细能巨，能短能长，春分而登天，秋分而潜渊。从肉，飞之形，童省声。力种切。十一下龙部。

金　五色金也。黄为之长。久**畺**不生衣，百炼不轻，从革不违，西方之行。生于土，从土；左右注，象金在土中形；今声。居音切。十四上金部。

朱　**朱市**也。从木。人，象形，**朋**声。举朱切。六上木部。

以上五字有象形、有义旁、复有声旁。其为兼加声义旁与否，以未见初文，不能辄定。姑以类附于此。

第八节　象形变为形声

《说文》象形之字，往往有形声字为其重文，如ㄑ有重文畎，吕有重文**膂**之类是也。今虽不能确定其孰先孰后，然大**抵**象形在前，形声在后，可测而知也。盖形声字既有形旁以示其义，复有声以表其音，在文字中特为便利。方形声未兴，则象形指事会意为造文之极则，及形声既创，则群趋于便利而制形声。虽象形指事会意之字，亦别制形声字为其或体焉。故形声为文字之归墟，其数特多，非无故也。今更稽之于声音，核之于形义，据许君所已说，推及于其所未言，以示学者温故知新之义焉。

凵　张口也。象形。口犯切。二上凵部。

坎　陷也。从土，欠声。苦感切。十三下土部，

凵象坎陷之形。凵与欠古音同在添部，为同音字，故知二文当为一字也。许误分之耳。

ㄑ　水小流也。姑注切。十一下ㄑ部。

畎　篆文ㄑ。从田，犬声。ㄑ与犬古音同在寒部。

己　中宫也。象万物辟藏诎形。居拟切。十四下己部。

跽　长跪也。从足，忌声。渠几切。二下足部。

己象人跽形，许说非是。忌字从己得声，故己跽二字音同。象形字变为形声，其形声字之声类即由本象形字所孳乳，此例往往有之。

皃　颂仪也。从人，白，象人面形。莫教切。八下儿部。

貌　儿或从页，豹省声。

儿豹古音同在豪部。

吕　脊骨也。象形。力举切。七下吕部。

膂　篆文吕。从肉，从旅。

吕旅古音同在模部，为同音字。

釆　辨别也。象兽指爪分别也。读若辨。蒲苋切。二上釆部。

𤓯　古文釆。

番　兽足谓之番。从釆，田，象其掌。附袁切。二上釆部。

𤲃　古文番。

蹯　番或从足从烦。

釆番一字，一有掌，一无掌耳。许分为二字，非也。釆𤓯番𤲃皆象形，蹯从烦声。釆番烦古音同在寒部，为同音字。

凤　神鸟也。从鸟，凡声。冯贡切。四上鸟部。

朋　古文凤，象形。

扁今作朋，朋古音在登部，凡在覃部。凤从凡声，取双声为声也。

舄 誰也。象形。七雀切。四上乌部。

雥 篆文舄，从隹昔。

按：誰从昔声，舄与昔古音同在铎部。又按《说文》往往以后起字训初字，如以毡训了，以誰训舄，是也。今通分舄誰为二音，不以为一字矣。

朿 木芒也。象形。七赐切。七上朿部。

莿 朿也。从草，刺声。七赐切。一下草部。

莿从刺声，刺仍从朿声，故二字音同。

艸 邑外谓之郊，郊外谓之野，野外谓之林，林外谓之艸。象远界也。古荧切。五下艸部。

扃 外闭之关也。从户，冋声。古荧切。十二上户部。

艸象户扃之形，即扃之初文，许误分之耳。冋从门声，二字音同。

囱 在墙曰牖，在屋曰囱。象形。楚江切。十下囱部。

窗 通孔也。从穴，鹏声。楚江切。七下穴部。

窗从鹏声，鹏仍从囱得声。此与朿莿同例。许分囱窗为二，误矣。

囿 苑有垣也。从口，有声。干救切。六下口部。

圃 籀文囿。

圖 象形。

巿 韠也。上古衣蔽前而已，巿以象之。从巾，象连带之形。分勿切。七下市部。

𩏘　篆文市，从韦，从犮。

按：報从犮声，市犮古音同在月部。

凵　象器曲受物之形。或说：曲，蚕薄也。丘玉切。十二下曲部。

𦰌　蚕薄也。从草，凵声。丘玉切。一下草部。

𦰌为凵之加声旁字，前已言之。𦰌又从凵得声，义为蚕薄，与凵字同，然则凵𦰌𦰌三文实一字也。

鬲　鼎属。象腹交文，三足。郎激切。三下鬲部。

𤭯　汉令鬲，从瓦，䰛声。

按：鬲与䰛古音同在锡部。

凵　凵卢，饭器，以柳为之。象形。去鱼切。五上凵部。

𥬔　凵或从竹，去声。

𥬔从去声，去即从凵声，此与耒耜同例。

用　可施行也。从卜，从中，卫宏说。余讼切。三下用部。

桶　木方器也。从木，甬声。他奉切。六上木部。

用不从卜中，卫宏说非是。用象桶形，即桶之初文也。

䕡　草器也。从草，𦥑声。求位切。一下草部。

臾　古文蕢，象形。

䕡从𦥑声，𦥑仍从臾声，与耒耜同。

甬　草木华甬甬然也。从𠃡，用声。余陇切。七上𠃡部。

鐘 乐钟也。从金，童声。职茸切。十四上金部。

甬象钟形，许说非是。甬童古音同在钟部。

西 舌儿。从谷省，象形。他念切。三上谷部。

簟 竹席也。从竹，覃声。徒念切。五上竹部。

西 象簟形，许说非是。西古音在添部，覃在覃部，二部音最近。

魅 老精物也。从鬼彡，彡，鬼毛。密秘切。九上鬼部。

魅 或从未声。

彔 古文。

彔 籀文从象首，从尾省声。

按：古籀皆象形，许君尾省声之说非是。魅未古音同在微部。

扳 引也。从反攴。普班切。三上草部。

攀 扳或从手，从樊。

攀 从樊声，今作攀字。樊《说文》从棥声，扳棥古音同在寒部。

裔 衣裾也。从衣，冏声。余制切。八上衣部。

裔 古文裔。

彗 车轴专也。从车，象形，杜林说。于灭切。十四上车部。

轊 彗或从彗。

按：轊从车彗声，彗彗古音同在月部。

闢 开也。从门，辟声。房益切。十二上门部。

開　《虞书》曰："辟四门。"从门，从𦫵。

鹵　鸟在巢上。象形，日在西方而鸟栖，故因以为东西之西。先栖切。十二上西部。

棲　西或从木妻。

栖从妻声，西本栖之初字，今则分为二音二义矣。又按西古音在痕部，妻在微部，二部为对转。

吞　口上阿也。从口，上象其理。其虐切。三上谷部。

𠸷　谷或如此。

臛　或从肉从豪。

却从却声，却又本从谷声也，胜则从豪声。谷古音在铎部，豪声在模部，模铎二部为平入也。

嗌　咽也。从口，益声。伊昔切。二上口部。

𣂒　籀文嗌。上象口，下象颈脉理也。

亢　为人颈。下象颈脉，与此籀文可互证。

晉　进也。日出，万物进。从日，从臸。即刃切。七上日部。

箭　矢也。从竹，前声。干贱切。五上竹部。

晋为箭之初文，说已见前。许说非是。

先　首笄也。从儿，匕，象簪形。侧岑切。八下先部。

簪　俗先。从竹，从兟。

按：从兟声也。簪从兟声，兟从吣声，吣亦先之孳乳字。与谷𠸷、凵篆例同。

𠙲 㲰也。从子无臂，象形。卢鸟切。十四下了部。

𨑨 行径相交也。从辵，勺声。力吊切。十下辵部。

行胫相交，人视之似止一足然，𠙲象其形也。了勺古音同在豪部。

𣚁 伐木余也。从木，献声。五葛切。六上木部。

𣚁 𣚁或从木，薛声。

𣎼 古文𣚁，从木无头。

𣎼象形，𣚁孽皆形声。

𣧑 尽也。从歺，今声。徒典切。四下歺部。

𠄔 古文殄如此。

𧒽 虫食草根者。从虫，象其形。莫浮切。十二下虫部。

𧓪 蟊或从敄。

𧓹 古文蟊。从虫，从牟。

按：蝥从敄声，蛑从牟声也。𧒽敄牟古音皆在幽部。

𣕬 两刃臿也。从木，𡴀象形。互瓜切。六上木部。

𨮯 或从金从于。

按：𨮯从于声，𣕬于古音皆在模部。

凷 墣也。从土，一屈，象形。苦对切。十三下土部。

塊 凷或从鬼。按：块从鬼声，凷鬼古音皆在微部。

第四章 指 事

第一节 独体指事

一　惟初太始，道立于一，造分天地，化成万物。于恶切。一上一部。

丨　上下通也。引而上行读若囟，引而下行读若退。古本切。一上丨部。

丶　有所绝止，丶而识之也。知庾切。五上丶部。

吴承仕曰："或谓丶即古主字，象大主形，则为象形字。此形事两通者。"

厂　抴也，明也。象抴引之形。余制切。十二下厂部。

乚　匿也。象迟曲隐蔽形。于谨切。十二下乚部。

厶　奸衺也。韩非曰：仓颉作字，自营为厶。息夷切。九上厶部。

丿　右戾也。象左引之形。房密切。三下又部。

㇏　逮也。从又，从人。巨立切。三下又部。

乁　古文及秦刻石如此。

弓　亦古文及。

第二节　复体指事

二　地之数也。从偶一。而至切。十三下二部。

三　天地人之道也。从三数。苏甘切。一上三部。

四　阴数也。象四分之形。息利切。十四下四部。

三　籀文四。

开　平也。象二干对构上平也。古贤切。十四上开部。

第三节　对称指事

五　五行也。从二，阴阳在天地间交午也。疑古切。十四下五部。

乂　古文五，省。

按：乂象交午，为初文，五为后起字。交午本当作交乂，午乃借字。

十　数之具也。一为东西，丨为南北，则四方中央备矣。是执切。三上十部。

入　内也。象从上俱下也。人汁切。五下入部。

四　阴数也。象四分之形。息利切。十四下四部。

四　古文四。

片 办积物也。象形。直吕切。十四下爿部。

冓 再也。从冂，阙。良奖切。七下冓部。

予 推予也。象相予之形。余吕切。四下予部。

吴承仕曰："上象授，下象受。予犹与也。反之为幻，幻犹还也。既不象手，亦无实物可言，故为指事。"

树达按：此文附于此。

第四节　合体指事

一、事表地

或 邦也。从口，从戈以守一。一，地也。胡北切。十二下戈部。

旦 明也。从日见一上。一，地也。得案切。七上旦部。

立 住也。从大立一之上。力人切。十下立部。

至 鸟飞从高下至地也，从一，一，犹地也。象形，不上去而至下来也。脂利切。十二上至部。

至 古文至。

罗振玉曰："《说文》谓至为飞鸟，然考古金文如《散氏盘》及《同敦》，至并作至。从屮，屮象矢形。《告田敦》屖字作屖，知屮乃矢之倒文。一，象地。至，象矢远来降至地之形，非象鸟形也。"

树达按：罗说至确。

朮　豆也。象朮豆初生之形也。式竹切。七下朮部。

段云："一，象地。下象根。"

韭　菜名。一种而久者，故谓之韭。象形，在一之上。一，地也。
举久切。七下韭部。

二、事表物

（一）确定之物

1. 有形者

畺　界也。从畕，三，其界画也。居良切。十三下畕部。

疆　或从彊土。

按：三表界画者，示其界画所在也。

不　颠也。至高无上，从一、大。他前切。一上一部。

按：甲文金文皆作夨。大象人形。从口、从一，皆指示人颠顶所
在也。

爪　手足甲也。从又，象爪形。侧狡切。三下又部。

寸　十分也。人手却一寸动脉谓之寸口，从又，从一。仓因切。三下
寸部。

王筠曰："一，以指寸口之所。"

亦　人之臂亦也。从大，象两亦之形。羊益切。十下亦部。

徐锴曰："人之腋也。八，其处也。"王筠曰："以点记两臂之下，谓
亦在是耳。"

馬　马后左足白也。从马，二其足。之戌切。十上马部。

段玉裁曰："谓于足以二为记识，如马于足以一为记识也，非一二字。隶作马。"

血　祭所荐牲血也。从皿，一，象血也。呼决切。五上血部。

按：一所以指在皿中者为血。

本　木下曰本。从木，一在其下。布忖切。六上木部。

徐锴曰："一，记其处也。本末朱皆同意。"

朱　赤心木，松柏属。从木，一在其中。章俱切。六上木部。

末　木上曰末。从木，一在其上。莫拨切。六上木部。

氐　木本。从氏，大于末。居月切。十二下氏部。

字训本末，从氏无义，许说非也。木部云："柢，木根也"，此字从柢省。出氏之下者，示其本也。

卒　隶人给事者为卒。卒，衣有题识者。臧没切。八上衣部。

一表题识。

刃　刀坚也。象刀有刃之形。而振切。四下刃部。

徐锴曰："以一示其处，即为指事。"

盍　覆也。从血、大。胡腊切。五上血部。

徐灏曰："盍古榼字，《左氏》成十六年《传》：'使行人执榼承饮，盖饮器也。从皿，一，指所盛酒浆。大，象其盖，与壶字同。"

树达按：徐说是也。字不从血，当入皿部。

2. 无形者

甘　美也。从口含一。一，道也。古三切。五上甘部。

章太炎曰："道即覃，长味也。"

树达按：章说是也。道即是味，味无形可象，以一表之。味在口中，故以口含之。

🔲　声生于心有节于外谓之音。从言含一。于今切。三上音部。

一表音，音在言中，故从言含一。

🔲　至也。从氏下著一。一，地也。丁礼切。十二下氏部。

树达按：七篇上日部昏下云："氏者，下也。"其说是也。氏为巴蜀名山岸胁之旁箸欲落墭者，一示其在下之形，许说疑非字之本义。

🔲　马一岁也。从马，一绊其足。读若弦，一曰读若环。户关切。十上马部。

段玉裁曰："绊其足三字盖衍文，隶作🔲。"

（二）虚拟之物

🔲　持也。象手有所🔲据也。几剧切。三下🔲部。

朱骏声曰：从手，🔲所据也。

树达按：🔲为假设之物。而手持之。

🔲　手指相错也。从又，象叉之形。初牙切。三下又部。

段玉裁曰："一象指间有物。"

树达按：一为假设之物，象手错之。

🔲　治也。从又，丿，握事者也。余准切。三下又部。

丿为假设之物，而又治之。

🔲　盗窃里物也。从亦，有所持。失切。十下亦部。

树达按：\\为假设之物，而亦裹之。

🔲 求亘也。从二，从🔲。

🔲，古文回，象亘回形。上下，所求物也。须缘切。十三下二部。

吴承仕曰："舟竟于两极为𠄔，盘为于上下为🔲，制字之意同。"

🔲 系也。从糸，丿声。胡计切。十二下系部。

丿 为糸所系之物，不从丿声。

🔲 引也。从𠬛、丿。侧茎切。四下𠬛部。

徐锴曰："丿，所争也。"树达按：丿为假设之物。

🔲 五指持也。从𠬛，一声。吕戌切。四下𠬛部。

段玉裁曰："一声，声字疑衍。一，谓所捋也。"

🔲 灭也。九月阳气微，万物毕成，易下入地也。五行土生于戊，盛于戊从戊含一。辛聿切。卜四下戊部。

朱骏声曰："从戊，古文矛。从一，指事，识其杀伤处。与刃同意。"

树达按：同伯琦说略同。

🔲 挹取也。象形中有实。与包同意。之若切。十四上勺部。

吴承仕曰："包字象初生之子，勺字则止云有实，不斥为何等实也，故虽同意，而有形事之分。"

树达按：勺象挹器，一，象所挹之物。

三、事表事

（一）能事

🔲 词也。从口，乙声，亦象口气出也。王伐切。五上曰部。

段玉裁册去声亦二字，改作"从口，乚，象口气出也。"

树达按：段校是也。乚象口气出，表口能动之事。

只　语巳词也。从口，象气下引之形。诸氏切。三上只部。

八象气下引，表口能动之事。

吅　多言也。从品相连。尼辄切。二下品部。

吴承仕曰："段玉裁以为会意。"

按：以山连品，山不成文，何意之会？

树达按：山表三口能动之事。

曰　出气词也，从曰，象气出形。呼骨切。五上曰部。

回　籀文吻。一曰佩也。

象形。

吴承仕曰："口气出为曰，曰气出为吻，从曰犹从口矣。一曰佩者，或以此文象佩形，则为独体象形字。"

树达按：曰象气出，为事。

兮　语之余也。从丂，象声上越扬之形也。户吴切。五上兮部。

牟　牛鸣也。从牛，象其声气从口出。莫浮切。二上牛部。

树达按：𠃌表牛气出之事。

羊　羊鸣也。从羊，象声气上出，与牟同意。绵婢切。四上羊部。

丨表羊气出之事。

刅　伤也。从刃，从一。楚良切。四下刃部。

创　或从刀，仓声。徐锴曰："一，刃所伤，指事也。"

树达按：一表刀伤他之事。

（二）所事

川 害也。从一阂川。祖才切。十一下川部。

一为事，表川之见阂。

夂 行迟曳夂夂也。象人两胫有所躧也。楚危切。五下夂部。

夂 从后至也。象人两胫后有致之者。读若滞。陟侈切。五下夂部。

久 从后灸之。象人两胫后有距也。举友切。五下久部。

久即灸之初文，象人卧见灸灼。

匚 雁蔽也。从儿，象左右皆蔽形。公户切。八下匚部。⊏为事，表
人之被雁。

毋 止之也。从女，有奸之者。武扶切。十二下母部。

一表女之见奸犯。

丑 纽也。十二月万物动用事。象手之形。敕九切。十四下丑部。

按：丑从又，手也。丨，象为械所束。

豕 豕绊足，行豕豕。从豕系二足。丑六切。九下豕部。

按：一见系。

馽 绊马也。从马，口其足。陟立切。十上马部。

按：口见绊隶作馽。

犮 走犬儿。从犬而丿之，曳其足则刺犮也。蒲拨切。十上犬部。

按：丿，见曳。

绝 断丝也。从系，从刀，从卩。情雪切。十三上糸部。

𢇍　古文绝。象不连体二丝。吴承仕曰："此字如从一丝，无以见绝之之意。今字形虽复，其实犹单文也。"

树达按：吴说是也。二**𠃌**，二丝见断。

引　开弓也。从弓、丨。余引切。十二下弓部。

徐铉曰："象引弓之形。"

树达按：丨形，表弓之被引。

𠥓　裹**溪**有所侠藏也。从乚，上有一覆之。胡礼切。十二下匸部。

𤓰　止也。一曰**凵**也。从**凵**，从一。鉏驾切。十二下**凵**部。

徐锴曰："出**凵**得一则止，暂止也。"吴承仕曰："**凵**人长往，忽有所碍而止，是乍也。说解一曰**凵**也，文有讹悦。"

𣎵　止也。从**屮**盛而一横止之也。即里切。六下**屮**部。

朱骏声曰："一，指事。与毋之一止奸、乍之一止**凵**，同意。"

兩　覆也。从门，上下覆之。呼讶切。七下兩部。

四、兼表物事

示　天灵象，见吉凶，所以示人也。从二，三垂，日月星也。神至切。一上示部。

𥘅　古文示。

一象天，物也。川象日月星之垂，事也。从二，象天之非一重。许说从古文上，疑非是。

五　五行也。从二，阴阳在天地间交午也。疑古切。十四下五部。

按：二象天地，物也。**X**象交午，事也。

丂 阳之正也。从一，微阴从中衺出也。亲言切。十四下七部。

一象地，物也。丂象阴衺出，事也。

王 天下所归往也。董仲舒曰："古之造文者，三画而连其中谓之王。"雨方切。一上王部。

王 古文王。

按：三画象天地。人，物也。｜，象通之，事也。

丂 气欲出丂上碍于一也。苦浩切。五上丂部。

按：丂象气，物也。一碍之，事也。

叏 夬决也。从又，中，象决形。古卖切。三下又部。

徐锴曰："∃物也，｜象决形。"

树达按：｜为事。

半 微也。从干。入一为干，入二为半，言稍甚也。如审切。三上干部。

按：一二为物象，丫为事。

二 高也。此古文上。指事也。时掌切。一上上部。

上 篆文上。

二 底也。指事。胡雅切。一上上部。

下 篆文下。

按：二文横画象物。｜象在一上下，指事。

彳 长行也。从彳引之。余忍切。二下彳部。

吴承仕曰："彳象人胫三属相连，引之亦无加长之理。今以引长示意，故是事而非形。"

树达按：彳象人胫三属相连，物也。引之表长行之意，事也。

第五节　变体指事

兟 凵也。从凵，鈕声。武夫切。十二下凵部。

兂 奇字无。通于元者，虚无道也。王育说：天屈西北为无。

丂 反丂也。虎何切。五上丂部。

氒 跨步也。从反夂。苦瓦切。五下夂部。

乁 流也。从反厂。读若移。弋支切。十二下乁部。

幻 相诈惑也。从反予。胡辨切。四下予部。

繼 继续也。从糸䜌。一曰：反𢇍为䜌。古谐切。十三上糸部。

吴承仕曰："大徐本如此，文义难通。《韵会》引作糸，䜌声。或作䜌，反𢇍为䜌。段氏略依之，乃改篆为繼，则犹非也。窃谓此篆与笘秌等字同例。立文当云：继续也。从糸，䜌，象形。䜌，继或省糸。或当云：继续也。从糸䜌。䜌，古文。反𢇍为䜌。盖𢇍训断，䜌训续，反正相生，与反正为乏、反可为叵、反予为幻、反𢆉为不，同例。"

𠃌 左戾也。从反丿。分勿切。十二下丿部。

第六节　加形旁指事
（以前见之字为次）

一 惟初太始，道立于一，造分天地，化成万物。于悉切。一上一部。

弌　古文一。

一加形旁弌。

厂　洼也，明也。象洼引之形。余制切。十二下厂部。

曳　臾曳也。从申，厂声。余制切。十四下申部。

二文亦一字也。许误分之。

二　地之数也。从偶一。而至切。十三下二部。

弍　古文二。

与一弌同。

三　天地人之道也。从三数。稣甘切。一上三部。

弎　古文三。

与一二同。

曰　词也。从口，乙声。亦象口气出也。王伐切。五上曰部。

曰　诠词也。从欠，从曰，曰亦声。余律切。八下欠部。

二文为一字。许误分之。

久　从后灸之。象人两胫后有距也。举友切。五下久部。

灸　灼也。从火，久声。举友切。十上火部。

二文一字。许误分之。

丂　气欲舒出丂上碍于一也。

丂，古文以为亏字。又以为巧字。苦浩切。五上丂部。

巧　技也。从工，丂声。苦绞切。五上工部。

繼　续也。从糸继，反𢇍为𢇍。古谐切。十三上糸部。

许于继下云：反𢇍为𢇍，则当有𢇍字。继乃加旁耳。

第七节　指事变为形声

厂　抴也，明也。象抴引之形。余制切。十二下厂部。

抴　枻也。从手，世声。余制切。十二上手部。

二文一字，许误分之。

乚　匿也。象迟曲隐蔽形。读若隐。于谨切。十二下乚部。

隐　蔽也。从𨸏，急声。于谨切。十四下𨸏部。

二文一字，许误分之。

畺　界也。从畕，三，其界画也。居良切。十三下畕部。

疆　畺，或从𩵋土。

疆从土𩵋声，此与象形臾蕢例同。

天　颠也。至高无上，从一大。他前切。一上一部。

顚　顶也。从页，真声。都年切。九上页部。

二文一字，许误分之。

亦　人之臂亦也。从大，象两亦之形。羊益切。十下亦部。

挟　以手持人臂投地也。从手，夜声。一曰，臂下也。羊益切。十二上手部。

臂下之义，即臂亦也。夜从亦省声，与畺疆同例。

㗊 多言也。从品相连。读与聂同。尼辄切。二下品部。

讘 多言也。从言，聂声。之涉切。三上言部。

讋 慴讘也。从言，执声。之涉切。三上言部。

刅 伤也。从刃，从一。楚良切。四下刃部。

剏 或从刀，仓声。

二字音义同，实一字也。许误分之。

丙 𠁣蔽也。从人，象左右皆蔽形。读若瞽。公户切。八下兆部。

瞽 目但有朕也。从目，鼓声。公户切。四上目部。

二文为一字，许误分之。

丑 纽也。十二月万物动用事，象手之形。敕九切。十四下丑部。

杽 械也。从木，从手，手亦声。敕九切。六上木部。

丑从又，手也。象加械之形。即杽之初文也。许误分之。

馽 绊马也。从马，口其足。陟立切。十上马部。

繁 馽或从糸，执声。

霖 亡也。从亾，𣊟声。武扶切。十二下亾部。

无 奇字无。通于元者。王育说：天屈西北为无。

无，指事。𣊟，形声。

夂 跨步也。从反夂。苦瓦切。五下夂部。

跨 渡也。从足，夸声。苦化切。二下足部。

二字实一字也。

第五章 会 意

第一节 名字为主之会意

一、集名会意

（一）二名对待

明 照也。从月，从囧。武兵切。七上明部。

朙 古文明。从日。

炅 见也。从火日。古迥切。十上火部。

里 居也。从田，从土。良止切。十三下里部。

圖 画计难也。从囗，从啚，啚，难意也。同都切。六下囗部。

按：图当训地图，囗表国邑［注：见五篇下亼部］啚即鄙之初文，谓乡鄙也。许说非。

好 美也。从女子。呼皓切。十二下女部。

徐锴曰："子者，男子之美称。"

右　手口相助也。从又，从口。于救切。三下又部。

印　执政所持信也。从爪，从卩。于刃切。九上印部。

按：爪谓手，卩即厀字，谓足也。初民无玺印，第以手足纹为印记。今乡啚无玺印时，犹用此法，古俗之遗也。许以文化大进后之制说之，非是。

𠬝　治也。从又，从卩。卩，事之节也。房六切。三下又部。

于鬯《说文职墨》谓𠬝为匐之初文，是也。匐者，以手与厀匍匐行于地上，故字从又从卩。

讨　治也。从言，从寸。他皓切。三上言部。

畏　恶也。从甶，虎省。鬼头而虎爪，可畏也。于胃切。九上甶部。

豦　斗相丮不解也。从豕虍，豕虍之斗不解也。强鱼切。九下豕部。

毚　狡兔也。兔之骏者。从㲋兔。士咸切。十上兔部。

翏　高飞也。从羽，从㐱。力救切。四上羽部。

三篇下几部云："㐱，新生羽而飞也"，翏字从之。今书皆与㐱字同，似误。

喜　乐也。从壴，从口。虚里切。五上喜部。

乐谓音乐。壴，陈乐立而上见也，愚谓即今鼓字。壴表器，从口者。表乐歌，吹笙亦以口也。

戎　兵也。从戈，从甲。始融切。十二下戈部。

士　事也。数始于一，终于十。从一，从十。孔子曰："推十合一为士。"钮里切。一上士部。

(二) 二名相承

爲　物落，上下相付也。从爪，从又。平小切。四下又部。

愿　愁也。从心，从页。于求切。十下心部。

徐锴曰："愿邑形于颜面，故从页。"

意　志也。从心从音。察言而知意也。于记切。十下心部。

按：意根于心而发于言，故从心，从音。

(三) 能名与所名

朙　照也。从月，从囧。武兵切。七上明部。

霸　雨濡革也。从雨，从革。读若膊。匹各切。十一下雨部。

邕　四方有水自邕成池者。从川，从邑。于容切。十一下川部。

烖　天火曰烖。从火，灾声。祖才切。十上火部。

灾　或从当火。

休　息止也。从人依木。许尤切。六上木部。

伴　分也。从人，从牛。牛大物，故可分。其藑切。八上人部。

偖　渐进也。从人又持帚，若埽之进。又，手也。七林切。八上人部。

佩　大带佩也。从人，从凡，从巾。佩必有巾，巾谓之饰。蒲林切。八上人部。

伐 击也。从人持戈。房越切。八上人部。

戍 守边也。从人持戈。伤遇切。十二下戈部。

弔 问终也。古人葬者厚衣之以薪，从人持弓会驱禽。多啸切。八上人部。

負 恃也。从人守贝，有所恃也。房九切。六下贝部。

亟 敏疾也。从人口，从又，从二。二，天地也。纪力切。十三下二部。

夾 持也。从大，侠二人。古狎切。十下火部。

夷 平也。从大，从弓。东方之人也。以脂切。十下大部。

从大从弓，与平义不相会，似当以东方之人为初义。盖以其射猎，故从弓尔。

歼 绝也，一曰田器。从从持戈。子廉切。十二下戈部。

輦 挽车也。从车，从扶，在车前引之。力展切。十四上车部。

皆 俱词也。从比，从白。古谐切。四上白部。

白 亦自字，自者鼻也。俗语云，两人同一鼻孔出气，皆字之谓也。二人为从，反从为比，比。亦二人也。

孝 善事父母者。从老省，从子。子承老也。呼教切。八上老部。

婦 服也。从女持帚，洒扫也。房九切。十二下女部。

罷 遣有辠也。从网能，言有贤能而入网，即贳遣之。《周礼》曰：

"议能之辟。"薄蟹切。七下网部。

　　辠　犯法也。从辛，从自，言辠人蹙鼻，苦辛之忧。徂贿切。十四下辛部。

　　詻　语相诃岠也。从口岠辛，辛，恶声也。读若蘖。五葛切。二上口部。

　　相　省视也。从目，从木。《易》曰："地可观者，莫可观于木。"《诗》曰："相鼠有皮。"息良切。四上目部。

　　眔　目相及也。从目，从隶省。徒合切。四上目部。

三篇下隶部云："隶及也。从又，从尾省。又持尾者，从后及之也。"

　　树达按：眔亦从目从尾省，谓目见及尾也，非从隶省。

　　睪　目视也。从横目，从夲。

令吏将目捕辠人也。羊四切。十下幸部。

　　庸　用也。从言从自。自知臭。言，所食也。读若庸。余封切。五下言部。

　　聑　聂语也。从口，从耳。七入切。二上口部。

　　甜　美也。从甘，从舌。舌知甘者。徒兼切。五上甘部。

　　及　逮也。从又，从人。巨立切。三下又部。

徐锴曰："及前人也。"

　　隶　及也。从又，从尾省。又持尾者，从后及之也。徒耐切。三下隶部。

　　圣　汝颍之间谓致力于地曰圣。从土，从又。读若兔窟。苦骨切。十三下土部。

取 捕取也。从又，从耳。《周礼》护者取左耳。《司马法》曰：载献聝聝者，耳也。七庾切。三下又部。

豚 小豕也。从古文豕，从又持肉，以给祠祀。徒魂切。九下豚部。

有 不宜有也。《春秋传》曰：日月有食之。从月。又声。云九切。七上有部。

按：有从又持肉，不从月。许说误。

祭 祭祀也。从示，以手持肉。子例切。一上示部。

隻 鸟一枚也。从又持隹。持一隹曰只，二只曰双。之石切。四上隹部。

蒦 规蒦，商也。从又持雀。

一曰：视遽貌。一曰：蒦，度也。乙虢切。四上萑部。

奪 手持隹失之也。从又，从奞。徒活切。四上奞部。

奞，乌张毛羽自奋也。

雙 隹二枚也。从雔，又持也。所江切。四上雔部。

𣦼 残穿也。从又，从歺。昨干切。四下𣦼部。

秉 禾束也。从又持禾。兵永切。三下又部。

兼 并也。从又持秝。兼持二禾，秉持一禾。古甜切。七上秝部。

史 记事者也。从又持中。中，正也。疏士切。三下史部。

江水曰："凡官府簿书谓之中，故诸官言治中受中，小司寇断庶民狱讼之中，皆谓之簿书，犹今之案卷也。"

聿　手之聿巧也。从又持巾。尼辄切。三下聿部。

帚　粪也。从又持巾埽门内。古者少康初作箕帚、秫酒。少康，杜康也。支手切。七下巾部。

刷　拭也。从又持巾在尸下。所劣切。三下又部。

尉　从上案下也。从又持火，以尉申缯也。于胃切。十上火部。

按：尸古文仁字。

叜　老也。从又，从宀。阙。稣后切。三下又部。

叜　籀文从寸。

按：又持火在宀下，即搜求之搜本字。

窈　深也。一曰灶突。从穴从火，从求省。式针切。七下穴部。

按：字从穴从又从火，谓手持火在穴中，即探之初字也。意与叜字同。许谓从求省，误。灶突之义亦通，谓手持火于穴下也，与爨从収火同。

灵　死火余熭也。从火，从又。又，手也。火既灭，可以执持。呼恢切。十上火部。

爇　大熟也。从又持炎辛。辛者，物熟味也。稣侠切。十上炎部。

支　十尺也。从又持十。直两切。三下十部。

叡　楚人谓卜问吉凶曰叡。从又持祟，祟亦声。读若赘。之芮切。三下又部。

菁　择菜也。从草，右。右，手也。而灼切。一下草部。

按：假右为又也。制字有通假，许已明言之矣。

付　与也。从寸，持物对人。方遇切。八上人部。

毁　倾覆也。从寸臼覆之。寸，人手也。臼，从巢省。杜林说以为贬损之贬。方敛切。六下巢部。

按：谓以手覆巢也。

對　譍无方也。从丵，从口，从寸。都队切。三上丵部。

對　对或从士。汉文帝以为责对而为言，多非诚对，故去其口以从士也。丵为丛生草，如许说，义不可通。《诗》云："帝作邦作对"，以对与邦为对文，疑从口当为从口。从士者，《玉篇》云，从土，是也。从寸从丵者，谓以手除草莱也。

尋　取也。以见寸。寸度之，亦手也。多则切。八下见部。

按：尋从寸持贝，不从见，许说非。

辱　耻也。从寸在辰下。失耕时，于对畺上戮之也。辰者，农之时也，故房星为辰，田候也。而蜀切。十四下辰部。

按：辰者蜃也。《淮南子氾论训》谓古人持蜃而耨。辱从寸从辰，谓手持蜃而耨也，即耨之初字。许说非是。

冠　秦也。所以秦发，弁冕之总名也。从冖，从元。元亦声。冠有法制，从寸。古丸切。七下冖部。

按：冖者覆也，元者首也。冠从寸从冖从元，谓手持覆加于首也。

舀　抒臼也。从爪臼。《诗》曰："或簸或舀。"以沼切。七上臼部。

采　捋取也。从木，从爪。仓宰切。六上木部。

采　禾成秀也。人所以收，从爪禾。徐醉切。七上禾部。

系　系也。从糸，丿声。胡计切。十二下糸部。

絲　籀文系。从爪丝。

孚　卵孚也。从爪，从子。一曰信也。芳无切。三下爪部。

亂　治也。幺子相乱，𠬪治之也。即段切。四下𠬪部。

眣　挢目也。从目叜。乌括切。四上目部。

羞　进献也。从羊，羊，所进也。从丑。丑亦声。息流切。十四下
丑部。

肭　食肉也。从丑，从肉。女久切。十四下丑部。

　　按：丑下云："象手之形。"羞谓手持羊，肭谓手持肉也。

徹　通也。从彳，从攴，从育。丑列切。三下攴部。

𢒉　古文彻。

从攴之字，甲文多从又。徹，甲文作𢒉。彻字义当为《仪礼》"有司
彻"之彻谓彻除也。育从肉声，故段育为肉。彻从攴从肉从彳，谓以手持
肉而去之也。

暴　晞也。从日，从出，从廾，从米薄报切。七上日部。

奠　酒器也。从酋，収以奉之。祖昆切。十四下酋部。

尊　尊或从寸。

礼器也。从𠬞持肉在豆上。读若镫同。都滕切。五上豆部。

捣粟也。从𠬞持杵临臼上。午，杵省也。古者雝父初作舂。书容切。七上臼部。

按：午即杵之初文，许云从杵省，非。

玩也。从𠬞持玉。卢贡切。三上𠬞部。

共置也。从廾从贝省。古以贝为货。其遇切。三上廾部。

弃除也。从廾推𦱳弃采也。官溥说：似米而非米者，矢字。方问切。四下𦱳部。

捐也。从𠬞推𦱳弃之。从㐬，逆子也。诘利切。四下𦱳部。

古文弃。

籀文弃。

械也。从𠬞持斤，并力之儿。补明切。三下𠬞部。

警也。从𠬞持戈，以戒不虞。居拜切。三下𠬞部。

同也。从廿𠬞。渠用切。三上共部。

芳草也。十叶为母，百廿贯筑以煮之为郁。从臼缶宀鬯，彡其饰也。一曰郁鬯，百草之花，远方郁人所贡芳草，合酿之以降神。郁，今郁林郡也。迂勿切。五下鬯部。

早昧爽也。从臼、从辰。辰，时也。辰亦声。丮夕为㚑，臼辰为晨，皆同意。食邻切。三上晨部。

辰者，蜃之初文。古人持蜃而耨，晨从臼从辰，谓两手持蜃之时也。

盥 澡手也。从臼水临皿。《春秋传》曰："奉匜沃盥。"古玩切。五上皿部。

晉 所依据也。从受工。于谨切。四下受部。

羨 贪欲也。从㳄，从羑省。羑 呼之羑文王所拘羑里。似面切。八下㳄部。

按：羊为美食。㳄，欲羊也。字与盗同意，非从羑省。

盗 私利物也。从㳄。㳄，欲皿者。徒到切。八下㳄部。

伏 司也。从人，从犬。房六切。八上人部。

獸 守备者。从嘼，从犬。舒救切。十四下嘼部。

器 皿也。象器之口，犬，所以守之。去冀切。三上品部。

獄 确也。从㹜，从言。二犬，所以守也。鱼欲切。十上㹜部。

麈 鹿行扬土也。从麤，从土。直珍切。十上麤部。

荐 兽之所食草。从廌，从草。古者神人以廌遗黄帝，帝曰：何食何处？曰：食荐，夏处水泽，冬处松柏。作旬切。十上廌部。

觷 分别也。从𧰨对争贝。读若回。胡畎切。五上𧰨部。

蠒 蚕衣也。从糸，从虫，从芇。古典切。十三上糸部。

蠱 腹中虫也。《春秋传》曰："皿虫为蛊。"从虫，从皿。皿，物之用也。公户切。十三下虫部。

（四）领名与属名

晷　光也。从日，从夸。筠辄切。七上日部。

洸　水涌光也。从水，从光，光亦声。古黄切。十一上水部。

泐　水石之理也。从水，从阞。《周礼》曰："石有时而泐。"卢则切。十一上水部。

郵　境上行书舍。从邑垂。垂，边也。羽求切。六下邑部。

頁　头也。从百，从儿。胡结切。九上页部。

見　视也。从儿，从目。古甸切。八下见部。

企　举踵也。从人止。去智切。八上人部。

𧿮　古文企从足。

信　诚也。从人，从言。会意。息晋切。三上言部。

竟　乐曲尽为竟。从音，从人。居庆切。三上音部。

如许说，从人义不可通。疑竟为竟界之义，从人从音，谓人声音所及有界限也。

卧　休也。从人臣，取其伏也。吾货切。八上卧部。

眾　多也。从㐺目，众意。之仲切。八上㐺部。

企　望欲有所庶及也。从匕，从卩。《诗》曰："高山企止。"伍冈切。八上匕部。

按：企与企义同，组织亦同。

頔　目衰也。从明，从大。大，人也。举朱切。四上明部。

罻　壮大也。从三大三目。二目为罻，三目为罻。益大也。一曰：迫也。读若《易虑羲氏》。《诗》曰："不醉而怒谓之罻。"平秘切。十下六部。

《诗大雅荡》篇云："内罻于中国。"《毛传》："不醉而怒谓之罻。"

厡　卧息也。从尸自。许介切。八上尸部。

赴　趋也。从夭止。夭止者，屈也。子苟切。二上走部。

義　己之威仪也。从我羊。宜奇切。二下我部。

吉　善也。从士口。居质切。二上口部。

如　从随也。从女，从口。人诸切。十二下女部。

奴　奴婢，皆古之辠人也。从女，从又。乃都切。十二下女部。

妻　妇与夫齐者也。从女，从屮，从又。又持事，妻职也。七稽切。十二下女部。

須　面毛也。从页，从彡。相俞切。九上须部。

加　语相增加也。从力，从口。古牙切。十三下力部。

呐　言之讷也。从口，从内。女滑切。三下呐部。

脊　背吕也。从𣥞，从肉。资昔切。十二上𣥞部。

肥　多肉也。从肉，从卩。符非切。四下肉部。

按：卩即𦝢。𦝢上下皆肉，故肥从卩肉。

𡱞 人小便也。从尾，从水。奴吊切。八下尾部。

鬽 老精物也。从鬼彡。彡，鬼毛。密秘切。九上鬼部。

吠 犬鸣也。从口、犬。符废切。二上口部。

狊 犬视儿。从犬目。古阒切。十上犬部。

臭 禽走，臭而知其迹者犬也。从犬，从自。尺救切。十七犬部。

狧 犬食也。从犬、从舌。读比目鱼鲽之鲽。他合切。十上犬部。

肰 犬肉也。从肉犬。读若然。如延切。四下肉部。

尨 犬之多毛者。从犬从彡。莫江切。十上犬部。

猪 窦中犬声。从犬，从音。音亦声。乙咸切。十上犬部。

愚 戆也。从心，从禺。禺，猴属，兽之愚者。麌俱切。十下心部。

告 牛能触人。角箸横木，所以告人也。从口，从牛。古奥切。二下告部。

按：以吠唬鸣诸字例之，告从牛口，盖谓牛鸣。告之为言，亦与牛鸣声相肖。许说恐非。

觲 用角低仰便也。从羊、牛、角。《诗》曰："觲觲角弓。"息营切。四下角部。

氂 睫牛尾也。从睫省，从毛。里之切。二上睫部。

唬 唬声也。一曰虎声。从口，从虎。读若嗃。呼讶切。二上口部。

虐 残也。从虍，虎足反爪人也。鱼约切。五上虍部。

按：当从虎爪。

虝 虎文也。从虎，彡，象其文也。甫州切。五上虍部。

鳴 鸟声也。从鸟，从口。武兵切。四上鸟部。

瞿 鹰隼之视也。从隹，从朋。朋亦声。读若章句之句。九遇切。四上瞿部。

翟 山雉尾长者。从羽，从隹。徒历切。四上隹部。

牖 穿壁以木为交窗也。从片、户、甫。与久切。七上片部。

按：甫叚为旁，谓户之旁也。

聿 笔饰也。从聿，从彡。将邻切。三下聿部。

般 辟也。象舟之旋，从舟，从殳。殳，所以旋也。北潘切。八下舟部。

豐 爵之次弟也。从丰，从弟。直实切。五上丰部。

（五）全名与偏名

躬 身也。从身，从吕。居戎切。七下吕部。

肘 臂节也。从肉，从寸。寸，手寸口也。陟柳切。四下肉部。

蓏 在木曰果，在草曰蓏。从草，从㼌。郎果切。一下草部。

（六）本名与喻名

望 月满。与日相望，以朝君也。从月，从臣，从壬。壬，朝廷也。无放切。八上壬部。

以臣在朝廷朝君，喻月之朝日。月为本名，臣为喻名。

山岩也。从山品。读若吟。五咸切。九下山部。

岩也。从石品。五衔切。九下石部。

大也。从自王。自，始也。始王者，三皇，大君也。自读若鼻。今俗以始生子为鼻子。胡光切。一上王部。

《方言》云："鼻，始也。兽之初生谓之鼻，人之初生谓之首。"按王，本名。自，喻名。

少翺也。从子，从辡省。辡亦声。居悸切。十四下子部。

禾部云："辡，幼禾也。"子，本名。辡，喻名。

盛儿。从弄，从日。读若镤镤。一曰：读若存。鱼纪切。十四下弄部。

委随也。从女，从禾。于诡切。十二下女部。

禾见风则靡。女，本名。禾，喻名。

面和也。从百，从肉。读若柔。耳由切。九上页部。

百与首同，头也，本名。肉，喻名。

白儿。从页，从景。《楚辞》曰："天白颢颢。"商山四颢，白首人也。胡老切。九上页部。

白儿当云头白儿。徐铉曰："景，日月之光明，白也。"按页，本名。景，喻名。

热头痛也。从页，从火。附袁切。九上页部。

头不正也。从页，从未。未，头倾也。读又若《春秋》陈夏齧之甾。卢对切。九上页部。

窅　深目也。从穴中目。乌皎切。四上目部。

按：谓目之深如穴也。

䀏　目不正也。从丫，从目。读若末。模结切。四上䀏部。

徐锴曰："丫，角戾也。"目，本名。丫，喻名。

䇂　以足蹋夷草。从㞢，从殳。《春秋传》曰："䇂夷蕴崇之。"普活切。二上㞢部。

按：草部云："芟，刈草也。从草，从殳。"殳为刈草之物，故䇂亦从殳。㞢，本名。殳，喻名。

齫　老人齿如臼也。一曰：马八岁齿臼也。从齿，从臼。臼亦声。其久切。二下齿部。

筋　肉之力也。从力，从肉，从竹。竹，物之多筋者。居银切。四下筋部。

衇　血理分衺行体者。从𠂢，从血。莫护切。十一下𠂢部。

𠂢，水之衺流别也。血脉如水之分流，故从𠂢。血，本名。𠂢，喻名。

䜌　乱也。一曰：治也。一曰：不绝也。从言丝。吕员切。三上言部。言，本名。丝，喻名。

善　吉也。从誩，从羊。此与义美同意。常衍切。三上誩部。

按：誩，本名。羊，喻名。

蝿　营营青蝇，虫之大腹者。从黾，从虫。余陵切。十三下黾部。

按：黾，大腹。蝇为虫之似黾者，故从虫，从黾。

容 盛也。从宀，从谷。余封切。七下宀部。

按：谓宀之能盛受有如谷也。谷亦声，谷古韵在屋部，对转读钟部之音为容也。

閨 特立之户。上圜下方，有似圭。从门，圭声。古携切。十二上门部。

按：门为本名圭为喻名。

扇 扉也，从户，从翅省。式战切。十二上户部。

按：门有左右扉，如鸟之翅也。

栅 编树木也。从木，从册。册亦声。楚革切。六上木部。

册札编木为之。栅为木之如册者也。

（七）静名与本名

倌 小臣也。从人，官声。《诗》曰："命彼官人"。古患切。八上人部。

按：官从宀，谓官署也。静名。

娣 女弟也。从女，从弟。弟亦声。徒礼切。十二下女部。

名 自命也。从口，从夕。夕者，冥也，冥不相见，故以口自名。武并切。二上口部。

夗 转卧也。从夕，从卩，卧有节也。

殘 禽兽所食余也。从歺，从肉。昨干切。四下歺部。

歺，列骨之残也。

骪 䯏病也。从尢，从骨。骨亦声。户骨切。十下尢部。

骂也。从网，从言。网辠人。力智切。七下网部。

热病也。从疒，从火。丑刃切。七下疒部。

地主也。从示土。《春秋传》曰："共土之子句龙为社神。"周礼：二十五家为社，各树其土所宜之木。常者切。一上示部。

古文社。

四岁牛。从牛，从四。四亦声。息利切。二上牛部。

马八岁也。从马，从八。博拔切。十上马部。

马赤鬣缟身，目若黄金，名曰媯，吉皇之乘。周文王时，犬戎献之。从马从文，文亦声。《春秋传》曰："駁马百驷"，画马也，西伯献纣以全其身。五分切。十上马部。

牝鹿也。从鹿，从牝省。于蚪切。十上鹿部。

蚕所食叶木。从叒木。息郎切。六上叒部。

按：叒下云："日初出东方谷所登榑桑叒木也。"据此，桑之初义当为榑桑也。

茅搜，茹芦。人皿所生，可以染绛。从草，从鬼。所鸠切。一下草部。

署也。从户册。户册者，署门户之文也。方沔切。二下册部。

上衣也。从衣，从毛。古者衣裘以毛为表。陂矫切。八上衣部。

袞衣山龙华虫。粉，画粉也。从粉，从粉省。卫宏说。方吻切。七下粉部。

算 数也。从竹，从具。苏管切。五上竹部。

簋 黍稷方器也。从竹，从皿，从皂。居洧切。五上竹部。

戟 有枝兵也。从戈倝。《周礼》，戟长文六尺。读若枚。纪逆切。
十二下戈部。

徐铉曰："当从榦省，榦枝也。"

釦 金饰器口。从金，从口。口亦声。苦厚切。十四下金部。

（八）物名与处名

1. 在上

杲 明也。从日在木上。读若杲。古老切。六上木部。

早 晨也。从日在甲上。子浩切。七上日部。

益 饶也。从水皿，皿益之意也。伊昔切。五上皿部。

光 明也。从火在儿上，光明意也。古皇切。十上火部。

荣 盛儿。从焱在木上。读若《诗》"莘莘征夫"。一曰：役也。所
臻切。十下焱部。

尧 高也。从垚在兀上，高远也。吾聊也。十三下垚部。

岑 人在山上。从人，从山。呼坚切。八上人部。

厃 仰也。从人在厂上。鱼毁切。九下厂部。

此安危之危本字。人在厂上，故为危也。危从卩，则跪之本字也。

夐 营求也。从夏，从人在穴上。《商书》曰：高宗梦得说，使百工

覓求，得之傅岩。岩，穴也。朽正切。四上是部。

𦥑 小阱也。从人在臼上。户猛切。七上臼部。

𪛊 早敬也。从丮。执事虽夕不休，早敬者也。息逐切。七上夕部。

𠈇 古文夙，从人西。

𠈈 亦古文夙，从人西。宿从此。

三字皆宿之初文。西西皆簟之初字，谓人在簟上也。

坐 止也。从土，从畱省。土，所止也。此与畱同意。徂卧切。十三下土部。

坐 古文坐。

𡰫 处也。从尸得几而止。九鱼切。十四上几部。

居 髀也。从尸下丌居几。徒魂切。八上尸部。

游 浮行水上也。从水，从子。似由切。十一上水部。

肯 不行而进谓之前。从止在舟上。昨先切。二上止部。

寍 安也。从宀，心在皿上。人之饮食器，所以安人。奴丁切。七下宀部。

𣏟 磔也。从舛在木上也。渠列切。五下桀部。

集 群鸟在木上也。从雥，从木。秦人切。四上雥部。

集 集或省。

喿 鸟群鸣也。从品在木上。稣到切。二下品部。

炮肉也。从肉在火上。之石切。十下炙部。

置祭也。从酉，酉，酒也。下，其丌也。礼有奠祭者。堂练切。五上丌部。

五帝之书也。从册在丌上，尊阁之也。多珍切。五上丌部。

持事振敬也。从聿在丩上，战战兢兢也。息逐切。三下聿部。

按：《说文》聿训手之肃巧。以龟甲校之，聿即聿字，即今笔字也。

水桥也。从木水，刃声。吕张切。六上木部。

古文。

按：古文梁从水，从二木。二木之间，一其际也。字形二木不在水上，故许不言。然以事实考之，则木固在水上也。故列之此。

2. 在中

动也。从木。官溥说：从日在木中。德红切。六上东部。

日且冥也。从日在茻中。莫故切。一上茻部。

余分之月。五岁再闰。告朔之礼，天子居宗庙，闰月居门中，从王在门中。《周礼》曰：闰月王居门中终月也。如顺切。一上王部。

窥头门中也。从人在门中。失凡切。十二上门部。

无发也。从人，上象禾粟之形，取其声。王育说。仓颉出，见秃人伏禾中，因吕制字。未知其审。他谷切。八下秃部。

没也。从水，从人。奴荚切。十一上水部。

系也。从人在口中。似由切。六下口部。

圉 图圄所以拘辠人。从㚔，从囗。一曰：圉，垂也。一曰：圉人，掌马者。鱼举切。十下㚔部。

䰜 五味盉䰜也。从䰜，从羔。古行切。三下䰜部。

鬻 䰜或省。

羹 小篆从羔，从美。

闯 马出门儿。从马在门中。读若郴。丑禁切。十二上门部。

圂 厕也。从囗，象豕在囗中也。会意。胡困切。六下囗部。

竄 匿也。从鼠在穴中。七乱切。七下穴部。

窜 通也。从牙在穴中。昌缘切。七下穴部。

靐 飞声也。雨而双飞者，其声霍然。呼郭切。四上䖵部。

蠹 木中虫。从䖵，橐声。当故切。十三下䖵部。

蠹 或从木，象虫在木中形。谭长说。

茵 粪也。从草，胃省。式视切。一下草部。

閑 阑也。从门中有木。户闲切。十二上门部。

困 故卢也。从木在囗中。苦闷切。六下囗部。

木部云："梱门橜也。"困即梱之初文，许说误。

囷 廪之圜者。从禾在囗中。圜谓之囷，方谓之京。去伦切。六下囗部。

程也。从禾，从斗。斗者，量也。苦禾切。七上禾部。

量也。从斗，米在其中。读若辽。洛萧切。十四上斗部。

春糗也。从米臼。其九切。七上米部。

爱濇也。从来，从向。来者向而藏之，故田夫谓之啬夫。所力切。五下啬部。

按：来者麦也。以来入向中，即穑之初字也。

一亩半，一家之居。从广里八土。直连切。九下广部。

段玉裁曰："里者，尻也。八土，犹分土也，亦谓八夫同井也。"

酸也。作醯以鬻以酒，从鬻酒，并省。从皿，皿，器也。呼鸡切。五上皿部。

肉酱也。从西盍。呼改切。十四下西部。

徐铉曰："盍，瓯器也，所以盛醯。"

跨区，藏匿也。从品在匚中。品，众也。岂俱切。十二下匚部。

3. 在间

隙也。从门，从月。古闲切。十二上门部。

徐锴曰："门夜闭，闭而见月光，是有闲隙也。"

水小流也。姑泫切。十一下く部。

古文く。从田从川。

按：谓川在田间者也。今长沙读此字如郡字之音。

治也。从言在羋之间。符塞切。十四下羋部。

骨间肉𦙾𦙾箸也。从肉，从冎省。苦等切。四下肉部。

草生于田者。从草，从田。武镰切。一下草部。

4. 在下

冥也。从日在木下。乌皎切。六上木部。

屋穿水下也。从雨在尸下。尸者，屋也。卢后切。十一下雨部。

侧倾也。从人在厂下。阻力切。九下厂部。

散也。从宀，人在屋下无田事。《周书》曰：宫中之穴食。而陇切。七下宀部。

冻也。从人在宀下，以草荐覆之，下有仌。胡安切。七下宀部。

扰恐也。从人在凶下。《春秋传》曰："曹人兇惧。"许拱切。七上凶部。

军之五百人为旅。从㫃，从从。从，俱也。力举切。七上㫃部。

按：从从二人，二人表多人也。

乳也。从子在宀下。子亦声。疾置切。十四下子部。

迍也。一曰：呻吟也。从㺜在尸下。士连切。十四下㺜部。

静也。从女在宀下。乌寒切。七下宀部。

仕也。从宀，从臣。胡惯切。七下宀部。

吏事君也。从宀，从𠂤。𠂤，犹众也。此与师同意。古九切。十四上𠂤部。

　　宰　辠人在屋下执事者。从宀，从辛。辛，辠也。作亥切。七下宀部。

　　局　促也。从口在尺下，复局之。一曰：博所以行棊。象形。渠绿切。二上口部。

　　省　睂也。从手下目。苦寒切。四上目部。

　　叟　入水有所取也。从又在回下。回，古文回。回，渊水也。莫勃切。三下又部。

　　守　守官也。从宀，从寸。寺府之事，皆从寸。寸，法度也。书九切。七下宀部。

　　宗　尊祖庙也。从宀，从示。作冬切。七下宀部。

　　冤　屈也。从兔，从冂。兔在冂下，不得走，益屈折也。于袁切。十上兔部。

　　屖　羊相厕也。从羴在尸下。尸，屋也。一曰：相出前也。初限切。四上羴部。

　　宋　尻也。从宀，从木。读若送。苏统切。七下宀部。

　　江沅曰："殷后为宋，丧国之社屋也。"

　　麻　与林同。人所治，在屋下。从广，从林。莫遐切。七下麻部。

　　寔　富也。从宀，从贯。贯，货贝也。伸质切。七下宀部。

　　库　兵车藏也。从车在广下。苦故切。九下广部。

　　族　矢锋也。束之族族也。从㫃，从矢。昨木切。七上㫃部。

庶 屋下众也。从广炗。炗，古文光字。商署切。九下广部。

燎 屋下灯烛之光。从焱冂。户肩切。十下焱部。

段玉裁曰："以火华照屋，会意。"

5. 上出

黑 火所熏之色也。从炎上出囧。囧，古窗字。呼北切。十上黑部。

熏 火烟上出也。从中，从黑。中黑，熏象也。许云切。一下中部。

按：当云从炎出四，中于上也。

曾 词之舒也。从八，从曰，四声。昨棱切。二上八部。

嚻 声也。气出头上，从㗊，从页。页，首也。许娇切。三上㗊部。

崔 高至也。从隹上欲出冂。胡沃切。五下冂部。

6. 出其下

原 水泉本也。从灥，出厂下。愚裳切。十一下灥部。

戾 曲也。从犬出户下。戾者，身曲戾也。郎计切。十上犬部。

泬 水从孔穴疾出也。从水，从穴。穴亦声。呼穴切。十一上水部。

(九) 具名与物名

砅 履石渡水也。从水，从石。《诗》曰："深则砅。"力制切。十一上水部。

焦 灼龟不兆也。从火，从龟。《春秋传》曰："龟焦，不兆。"读若焦。即消切。十上火部。

灾入能名与所名，焦入具名与物名者，彼为天火，此为人用火灼龟也。

耒 手耕曲木也。从木推丰。古者垂作耒耜以振民也。卢对切。四下耒部。

閞 阑门也。从门，才，所以距门也。博计切。十二上门部。

按：才与材同，谓木也。

茜 礼，察束茅加于裸圭，而淮郁酒，是为茜，象神歆之也。从酉，从草。《春秋传》曰：“尔贡苞茅不入，王祭不供，无以茜酒。”所六切。十四下酉部。

冒 冢而前也。从曰，从目。莫报切。七下曰部。

覒 突前也。从见冂。莫红尾亡沃二切。八下见部。

许说从见冂，义不可通。当云从冂，从人，从目。字与冒同意。

褭 以组带马也。从衣，从马。奴鸟切。八上衣部。

盇 仁也。从皿以食囚也。官溥说。乌浑切。五上皿部。

塺 弃也。从土，从帚。稣老切。十三下土部。

劓 刑鼻也。从刀，臬声。《易》曰：“天且劓。”鱼器切。四下刀部。

劓 劓或从鼻。

按：臬从自声，假臬为自也。甲叉作𠂤，走其证。自，鼻也。

刵 断耳也。从刀耳。仍吏切。四下刀部。

劊 楚人谓治鱼也。从刀，从鱼。读若锲。古屑切。四下刀部。

解 判也，从刀判牛角。佳买切。四下角部。

利 銛也。从刀，和然后利，从和省。《易》曰："利者，义之和也。"力至切。四下刀部。

按：利谓以刀割禾，非从和省。许说非是。

剑 刃也。从刀，从金。止遥切。四下刀部。

则 等画物也。从刀，从贝。贝，古之物货也。子德切。四下刀部。

班 分瑞玉。从珏，从刀。布还切。一上珏部。

初 始也。从刀，从衣。裁衣之始也。楚居切。四下刀部。

删 剟也。从刀册。册，书也。所奸切。四下刀部。

析 破木也。从木，从斤。先激切。六上木部。

折 断也。从斤断草。谭长说。食列切。一下草部。

折 籀文折。从草在仌中，仌寒，故折。

弹 行丸也。从弓，单声。徒案切。十二下弓部。

弜 弹或从弓持丸。

聅 军法以矢贯耳也。从耳，从矢。《司马法》曰："小罪耴，中罪刖，大罪到。"耻列切。十二上耳部。

芟 刈草也。从草，从殳。所衔切。一下草部。

舂 舂去麦皮也。从臼，干所以臿之。楚洽切。七上臼部。

罩 覆鸟令不飞走也。从网隹。读若到。都校切。四上隹部。

🀫　马辔也。从丝，从**喜**。与连同意。《诗》曰："六**乐**如丝。"兵媚切。十三上丝部。

广韵六至辔下云："《说文》作**乐**。"段从之。

二、名动会意

🀫　日见也。从日，从见。见亦声。《诗》曰："见**睍**日消。"胡甸切。七上日部。

🀫　望远合也。从日匕。匕，合也。读若窈窕之窈。乌皎切。七上日部。

🀫　月未盛之明也，从月出。《周书》曰："丙午**朏**。"芳尾切。七上月部。

《律历志》引古文《月采篇》曰："三日曰朏。"

🀫　光景流也。从白，从放。读若龠。以灼切。四下放部。

🀫　高下也。一曰：**陉**也。从**自**，从**召**。**召**，亦声。户猎切。十四下**自**部。

🀫　水行也。从**艸㐬**。**㐬**，突忽也。力求切。十一下**艸**部。

🀫　篆文从水。

🀫　水朝宗于海儿也。从水行。以浅切。十一上水部。

🀫　沟水行也。从水，从行。户庚切。十一上水部。

🀫　水坚也。从**欠**，从水。鱼陵切。十一下**欠**部。

燊　火飞也。从火粦，与粦同意。

段云："当从粦省，省奴为一也。"

燐　兵死及牛马之血为燐。燐，鬼火也。从炎舛。良刃切。十上炎部。

位　列中庭之左右谓之位。从人立。于备切。八上人部。

便　安也。人有不便，更也。从人更。房连切。八上人部。

伊　殷圣人阿衡也。尹治天下者。从人尹。于脂切。八上人部。

攸　行水也。从攴，从人，水省。以周切。三下攴部。

先　前进也。从儿，从之。稣前切。八上先部。

競　强语也。一曰：逐也。从誩，从二人。渠庆切。三上誩部。

屋　居也。从尸，尸，所主也。一曰：尸象屋形。从至，至所至止。室屋皆从至。乌谷切。八上尸部。

　　按：尸象人卧形，谓人至之处也。

忌　谨身有所承也。从己丞。读若《诗》云："赤舄己己。"居隐切。十四下己部。

後　迟也。从彳。幺攵者，后也。胡口切。二下彳部。

　　按：四篇下云："幺，小也，象子初生之形。"五篇下云："夊，行迟曳夊夊，象人两胫有所躧也。"劝子行迟，故为后也。

毐　人无行也。从士，从毋。贾侍中说。秦始皇母与嫪毒淫，坐诛。故世骂淫曰"嫪毒"。读若娭。遏在切。十二下毋部。

按：毋下云："止之也。从女，有奸之者。"毒从士从毋者，谓士奸犯女子也。𡳫毒必非自名。秦人以其淫，以毒名之耳。

規 有法度也。从夫，从见。居随切。十下夫部。

歸 女嫁也。从止，从妇省，𠂤声。举韦切。二上止部。

婦 籀文省。

𦋅 周人谓兄曰𦋅。从弟，从众。古魂切。五下弟部。

鬩 恒讼也。《诗》云："兄弟鬩于墙。"从儿，儿，善讼者也。许激切。三下门部。

覡 能齐肃事神明者。在男曰覡，在女曰巫。从巫，从见。胡狄切。五上巫部。

報 当辠人也。从㚔，从𠬝。𠬝，服辠也。博号切。十下㚔部。

頃 头不正也。从匕，从页。去营切。八上匕部。

頫 低头也。从页，逃省。方矩切。九上页部。

頪 难晓也。从页米。一曰：显白儿。从粉省。卢对切。九上页部。

树达按：米之言速也。

覥 面见也。从面见。见亦声。《诗》曰："有覥面目。"他典切。九上面部。

艮 很也。从匕目。匕目，犹目相匕，不相下也。古恨切。八上匕部。

真 仙人变形而登天也。从匕，从目，从乚。八，所乘载也。侧邻切。

八上匕部。

〓 坐寐也。从目〓。是为切。四上目部。

〓 毁齿也。男八月生齿，八岁而龀。女七月生齿，七岁而龀。从齿
匕。初觐切。二下齿部。

按：匕各本皆误作七。段玉裁曰："各本作七者，殆傅会七声为之。
其字本从齿匕，匕，变也。"树达按：段校是也，今据正。

〓 嘘也。从口，从欠。昌垂切。二上口部。

〓 使也。从口，从令。眉病切。二上口部。

〓 皆也。从亼，从叩，从从。七廉切。五下亼部。

按：从，从二人。叩，从二口。亼，三合也。佥从从、从叩、从亼，
谓人众口相合也。

〓 首至手也。从手〓。博怪切。十二上手部。

徐锴曰："〓，进趣之疾也，故拜从之。"

〓 杨雄说，〓从两手下。

〓 考也。七十曰老。从人毛匕，言须发变白也。卢皓切。八上
老部。

〓 详尽也。从心，从采。息七切。二上米部。

〓 小夹易断也。从肉，从绝省。此切。四下肉部。

〓 多言也。从言，从八，从户。职廉切。二上八部。

〓 快也。从言，从中。于力切。三上言部。

〓 神祸也。从示，从出。虽遂切。一上示部。

見鬼魅儿。从立，从象。象，籀文魅字。房六切。十下立部。

逃也。从壬，从豚。徒困切。二下壬部。

失也。从壬兔。兔，谩詑善逃也。夷质切。十下兔部。

两虎争声。从虤，从曰。语巾切。五上虤部。

刑也。平之如水，从水。廌，所以触不直者去之，从去。方乏切。十上廌部。

人及鸟生子曰乳，兽曰产。从孚，从乙。乙者，玄鸟也。明堂月令，玄鸟至之曰，祠于高禖以请子，故乳从乙。请子必以乙至之日者，乙春分来，秋分去，开生之候鸟，帝少昊司分之官也。而主切。十二上乙部。

飞盛儿。从羽，从曰。土盍切。四上羽部。

木也。从木，其实下垂，故从卤。力质切。七上卤部。

嘉谷实也。从卤，从米。相玉切。七上卤部。

始开也。从户，从聿。治小切。十二上户部。

徐铉曰："聿者，始也。"

负车也。从辵，从车。力延切。二下辵部。

车摇也。从车，从行。一曰：衍省声。古绚切。十四上车部。

圜围也。四千人为军。从车从包省。军，兵车也。举云切。十四上车部。

相击中也。如车相击，故从殳，从壴。古历切。三下殳部。

俞　空中木为舟也。从亼，从舟，从《。《，水也。羊朱切。八下舟部。

　　按：《犹川也。

皋　气皋白之进也。从本，从白。《礼》，祝曰皋，登歌曰奏，故皋奏皆从本。《周礼》曰："诏来鼓皋舞。"古劳切。十下本部。

三、名静会意

昏　日冥也。从日，氐省。氐者，下也。呼昆切。七上日部。

就　就高也。从京，从尤。尤，异于凡也。疾僦切。五下京部。

沙　水散石也。从水少，水少沙见。所加切。十一上水部。

侃　刚直也。从仁，仁，古文信。从川，取其不舍书夜。《论语》曰："子路侃侃如也。"空旱切。十一下川部。

　　按：今《论语》作子路行行如也，冉有子贡侃侃如也。

仁　亲也。从人，从二。如邻切。八上人部。

咎　灾也。从人，从各。各者，相违也。其久切。八上人部。

卓　高也。早匕为卓，匕卩为卬，皆同义。竹角切。八上匕部。

　　按：匕从反人，亦谓人也。此谓人早者为卓，与字之组织不同。许说非是。

咸　皆也。从口，从戌。戌，悉也。胡盐切。二上口部。

否　不也。从口，从不。方九切。二上口部。

惠 仁也。从心，从叀。胡桂切。四上叀部。

乖 戾也。从丫而八。八，古文别。古怀切。四上丫部。

鬻 五味盉羹也。从䰜，从羔。《诗》曰："亦有和鬻。"古行切。三下䰜部。

羹 小篆从羔从美。

香 芳也。从黍，从甘。《春秋传》曰："黍稷馨香。"许良切。七上香部。

盈 满器也。从皿夃。以成切。五上皿部。

尟 是少也，尟俱存也。从是少。贾侍中说。稣典切。二下是部。

四、静名会意

堇 黏土也。从土，从黄省。巨斤切。十三下堇部。

菫 古文堇。

赬 赤色也。从赤，巠声。敕贞切。十下赤部。

淟 棠枣之汁。或从水。

赤 南方色也。从大，从火。昌石切。十下赤部。

馗 九达道也。似龟背，故谓之馗。馗，高也。从九，从首。渠追切。十四下九部。

夲 进趣也。从大，从十。大十，犹兼十人也。土刀切。十下夲部。

按：大象人形。十大即十人也。

吴　大言也。从矢口。五乎切。十下矢部。

吴　古文如此。

按：矢从大变，矢即叚为大也。古文从大，可证《诗》"不吴不教"。《汉书》引作"不吴不教"，吴或作吴，甲文亦有吴字，皆其证也。

古　故也。从十口，识前言者也。公户切。三上古部。

髟　长发髟髟也。从长，从彡。必凋切。九上髟部。

章　乐竟为一章。从音，从十。十，数之终也。诸良切。三上音部。

劣　弱也。从力少。力辍切。十三下力部。

美　甘也。从羊，从大。羊在六畜主给膳也。美与善同意。无鄙切。四上羊部。

奞　鸟张毛羽自奋也。从大，从隹。息遗切。四上奞部。

雀　依人小鸟也。从小隹。读若爵同。即略切。四上隹部。

果　酸果也。从木甘。阙。莫后切。六上木部。

江沅曰："阙者，酸果而从甘，不得其会意也。沅谓甘与甜微异，凡可口曰甘，不必其甜也。"

皣　草木白华也。从华，从白。筰辄切。六下华部。

貨　贝声也。从小贝。稣果切。六下贝部。

与　赐予也。一勺为与。余吕切。十四上勺部。

旨　美也。从甘，匕声。职雉切。五上旨部。

甘 古文旨。

五、动名会意

匃 乞也。逯安说：亡人为匃。古代切。十二下亡部。

朏 渐也。人所离也，从歺，从人。息姊切。四下歺部。

妾 有辠女子给事之得接于君者。从辛，从女。《春秋传》云："女为人妾"。妾，不娉也。七接切。三上辛部。

顊 水厓。人所宾附。频蹙不前而止。从页，从涉。符真切。十一下频部。

殍 禽兽所食余也。从歺，从肉。昨干切。四下歺部。

㳄 慕欲口液也。从欠，从水。叙连切。八上㳄部。

困 故庐也。从木在口中。苦闷切。六下口部。

梸 古文困。

按：困为梱之初文。梱为门橜，所以止人，故古文从止木。

第二节　以动字为主之会意

一、集动会意

衒 行且卖也。从行，从言。黄绚切。二下行部。

御　使马也。从彳，从卸。牛据切。二下彳部。

徐锴曰："卸，解车马也。或彳或卸。皆御者之职。"

竦　敬也。从立，从束。束，自申束也。息拱切。十下立部。

彳亍　乍行乍止也。从彳，从止。丑略切。二下辵部。

延　安步延延也。从廴，从止。丑连切。二下廴部。

按：廴下云："长行也。"

遀　遣也。从辵，微省。稣弄切。二下辵部。

讘　籀文不省。

按：八篇上人部云："佚送也"，佚今之媵字。

致　送诣也。从夊，从至。陟利切。五下夊部。

按：五篇下云："夊，行迟曳夊夊，象人两胫有所躧也。"

遾　忿戾也。从至，至而复逊。逊，遁也。《周书》曰：有夏氏之民
叨逩读若挚。丑利切。十二上至部。

亡　逃也。从入，从乚。武方切。十二下亡部。

按：十二篇下云："乚，匿也。象迟曲急蔽形。"

敖　出游也。从出，从放。五牢切。四上放部。

賣　出货物也。从出，从买。莫邂切。六下出部。

舁　共举也。从臼，从廾。读若余。以诸切。三上舁部。

瞢　目不明也。从苜，从旬。旬，目数摇也。木空切。四上苜部。

𣏟　分别简之也。从束，从八。八，分别也。古限切。六下束部。

𡪡　卧惊也。从梦省，从言。火滑切。七下梦部。

亏　语乎舒也。从亏，从八。八，分也。爰礼说。符兵切。五上
于部。

𥡴　临下也。从卧，𥃩省声。古衔切。八上卧部。

𥦍　古文监从言。

𥡴　楚人谓小儿嫩𩜰。从卧食。尼厄切。八上卧部。

𡩼　犯而取也。从冂，从取。祖外切。七下冂部。

𢍰　束缚胅洼为臾。从申，从乙。羊朱切。十四下申部。

段玉裁曰："乙象草木冤曲。从申从乙者，引之又冤曲之也。"

树达按：乱下云：乚，治之也。

會　合也。从亼，从曾省。曾，益也。黄外切。五下会部。

𣤲　意有所欲也。从欠，从𡨄省。苦管切。八下欠部。

徐铉曰："𡨄，塞也。意有所欲而犹塞，歁歁然也。"

二、动宾会意

（一）外动字与直接宾语

旬　十日也。从勹日。详遵切。九上勹部。

霁　见雨而止息。从覞，从雨。读若欷。虚器切。八下覞部。

深通川也。从谷，从凵。凵，残地阬坎意也。《虞书》曰："睿畎浍距川。"私闰切。十一下谷部。

深明也。通也。从𠬪，从目，从谷省。以芮切。四下𠬪部。

子之子曰孙。从子，从系。系，续也。思魂切。十二下系部。

召也。从微省，壬为徵，行于微而文达者即徵之。陟陵切。八上王部。

引击也。从羋支见血也。张流切。十下羋部。

系也。从系持𪔂。胡涓切。九上𪔂部。

举目使人也。从攴，从目。读若颭。火劣切。四上昬部。

视也。从眉省，从中。所景切。四上眉部。

亼口也。从亼口。侯闇切。五下亼部。

合会也。从闩，从口。徒红切。七下闩部。

自急敕也。从羊省，从勹口。勹口，犹慎言也。从羊与义善美同意。己力切。九上苟部。

古文，不省。

勹口犹言缄口。勹为外动，口为宾语。

击踝也。从䢅，从戈。读若踝。胡瓦切。三下䢅部。

按：戈踝古音同，戈即段为踝。䢅，持也。

物中分也。从八，从牛。牛为物大，可以分也。博慢切。二上半部。

養牛人也。从攴，从牛。《诗》曰："牧人乃梦。"莫卜切。三下攴部。

孰也。从亯，从羊。读若纯。一曰：鬻也。常伦切。五下亯部。

篆文𩱶。

亯，篆文作亯。篆文𩱶，从篆文亯省。

覆也。从冂豕。莫红切。七下冂部。

缚也。从囗木。书玉切。六下束部。

藩也。从爻，从林。附袁切。三下爻部。

伯益之后所封国，地宜禾。从禾，春省。一曰：秦，禾名。匠邻切。七上禾部。

在手曰稛。从勹米。居六切。九上勹部。

米也。从皀，亼声。或说亼皀也。乘力切。五下食部。

皀下云："一粒也。"食从亼皀，亼为外动字，皀为宾语。

联㣺也。从系帛。米棉切。十二下系部。

少也。从宀，从颁。颁，分赋也，故为少。古瓦切。七下宀部。

市也。从网贝。《孟子》曰："登垄断而网市利。"莫蟹切。六下贝部。

以物质钱，从敖贝。敖者犹放，贝当复取之也。之芮切。六下贝部。

见也。从贝，从敊。则盱切。六下贝部。

徐铉曰："𣀦，音诜，进也。执贽而进。"

𡪄 探坚意也。从𡨄，从贝。贝，坚宝也。读若概。古代切。四下𡨄部。

䝐 毁也。从攴贝。败贼皆从贝，会意。薄迈切。三下攴部。

𪙍 籀文败，从䵔。

䇲 长六寸，计历数者。从竹，从弄。言常弄乃不误也。稣贯切。五上竹部。

侖 思也。从亼，从册。力屯切。五下亼部。

凭 依几也。从几，从任。读若冯。皮米切。十四上几部。

令 发号也。从亼卪。力正切。九上卪部。

剌 戾也。从束，从刀。刀者，刺之也。卢达切。六下束部。

按：刀不受束，束刀则乖违也。

武 楚庄王曰：夫武定功戢兵，故止戈为武。文甫切。十二下戈部。

医 盛弓弩矢器也。从匚，从矢。《国语》曰："兵不解医。"于计切。十二下匚部。

匚，侠藏也。

㚔 辠也。从干二。二，古文上字。读若愆。张林说。去虔切。三上㚔部。

公 平分也。从八，从厶。八犹背也。韩非曰：背厶为公。古红切。二上八部。

寇 暴也。从攴，从完。苦候切。三下攴部。

丧 亡也。从哭，从亡。会意。亡亦声。息即切。二上哭部。

辡 讼也。从誩辛。誩辛，犹理辜也。似兹切。十四下辛部。

辤 不受也。从辛，从受。受辛，宜辤之。似兹切。十四下辛部。

建 立朝律也。从聿，从廴。居万切。二下廴部。

徐铉曰："聿，律省也。"

匀 少也。从勹二。羊伦切。九上勹部。

计 会也。筭也。从言，从十。古诣切。三上言部。

卆 相次也。从匕，从十。博抱切。八上匕部。

（二）内动字与间接宾语

突 入山之深也。从山。从入。阙。钼箴切。五下入部。

㒸 越也。从夂，从兴。兴，高也。力膺切。五下夂部。

坐 止也。从土，从畱省。土，所止也，此与畱同意。徂卧切。十三下土部。

封 爵诸庆之土也。从业，从土，从寸，守其制度也。府容切。十三下土部。

坐 古文封省。

蓺 种也。从坴，丮持而种之。《诗》曰："我蓺黍稷。"鱼祭切。三下丮部。

徐锴曰："坴，土也。"

男　丈夫也。从田，从力。言男用力于田也。那含切。十三下男部。

奮　翬也。从奞在田上。《诗》曰：不能奋飞。方问切。四上奞部。

奞，鸟张毛羽自奋也。

内　入也。从冂自外而入也。奴对切。五下入部。

市　买卖所之也。市有垣，从冂。从乀，乀，古文及，象物相及也。
屮省声。时止切。五下冂部。

之，往也，谓往及于冂也。

涉　徒行厉水也。从林，从步。时摄切。十一下林部。

　　篆文从水。

朹　止也。得几而止。从几，从"夂"。昌与切。十四上几部。

夂，从后至也。谓至几而止也。

甚　尤安乐也。从甘，甘匹耦也。常枕切。五上甘部。

猒　饱也。从甘，从然。于盐切。五上甘部。

玄　幽远也。黑而有赤色者为玄。象幽而人覆之也。胡涓切。四下
玄部。

三、状动会意

（一）静状字与动字

奄　覆也，大有余也，又欠也。从大，从申。申，展也。依检切。十
下大部。

𡚽 大视也。从大昦。读若蔔。况晚切。四上昦部。

奔 放也。从大八。八，分也。古老切。十下亣部。

興 起也。从舁，从同。同，力也。虚陵切。二上舁部。

粤 于也。审慎之词者。从亏，从宷。王伐切。五上于部。

瘚 逆气也。从疒，从屰从欠。居月切。七下𣎵部。

欮 瘚或省疒。

幾 微也，殆也。从𢆶，从戍。戍，兵守也。𢆶而兵守者，危也。居衣切。四下𢆶部。

訥 言难也。从言，从内。内骨切。三上言部。

再 一举而二也。从一，冓省。作代切。四下冓部。

博 大通也。从十，从专。专，布也。补各切。三上十部。

（二）名状字与动字

晝 日之出入，与夜为界。从画省，从日。陟救切。三下画部。

昌 美言也。从日，从曰。一曰：日光也。《诗》曰：东方昌矣。尺良切。七上日部。

得 却也。一曰：行迟也。从彳，从日，从夂。他内切。二下彳部。

逞 古文从辵。

曡 杨雄说以为占理官决罪，三日得其宜乃行之。从晶，从宜。亡新以为叠从三日，太盛，改为三田。徒叶切。七上晶部。

餐 餔也。从夕食。思魂切。五下食部。

外 远也。卜尚平旦，今夕卜，于事外矣。五会切。七上夕部。

夙 早敬也。从丮，持事虽夕不休，早敬者也。息逐切。七上夕部。

塞 隔也。从土，从寞。先代切。十三下土部。

沓 语多沓沓也。从水，从曰。徒合切。五上曰部。

覛 衺视也。从厎，从见。莫狄切。十一下厎部。

燖 于汤中爚肉。从炎，从热省。徐盐切。十上炎部。

道 所行道也。从辵，从首。一达谓之道。徒皓切。二下辵部。

三篇下寸部云："导引也。从寸，道声。"按道为导之初文。导引者必在前，故字从首从辵。古文道字作㲋，导字亦从寸，此道导本一字之证也。

君 尊也。从尹。发号，故从口。举云切。二上口部。

占 视兆问也。从卜，从口。职廉切。三下卜部。

卟 卜以问疑也。从口卜。读与稽同。《书》云：卟疑。古兮切。三下十部。

辟 法也。从卩，从辛，节制其辠也。从口，用法者也。必益切。九上辟部。

舁 并举也。从爪，𦥑省。处陵切。四下𦥑部。

𠬶 盍也。从𠬞，从合。一俭切。三上𠬞部。

畀 分也。从𠬞，从畀。畀，予也。羊吏切。三上异部。

唁 徒歌。从言肉。余招切。三上言部。

設 施陈也。从言，从殳。殳，使人也。识列切。三上言部。

諕 号也。从言虎。乎刀切。三上言部。

貞 卜问也。从卜，贝以为贽。陟盈切。三下卜部。

分 别也。从八，从刀。刀以分别物也。甫文切。二上八部。

刖 分解也。从冎，从刀。凭列切。四下冎部。

勒 裂也。从刀，从录。录，刻割也。录亦声。北角切。四下刀部。

斛 试力士锤也。从斗，从戈。或从战省。读若县。胡畎切。三下斗部。

斷 截也。从斤，从𢇍。𢇍，古文绝。徒玩切。十四上斤部。

役 戍边也。从殳，从彳。营只切。三下殳部。

銜 马勒口中。从金，多行。衔，行马者也。产监切。十四上金部。

羅 以丝罟鸟也。从网，从维。鲁何切。七下网部。

朝 反推车令有所付也。从车，从付。读若茸。而陇切。十四上车部。

綏 车中把也。从糸，从妥。息遗切。十三上糸部。

第三节　以静字为主之会意

一、状静会意

皋　大白泽也。从大，从白。古文以为泽字。古老切。十下介部。

奉　所以惊人也。从大，从羊。一曰：大声也。一曰：俗语以盗不止
为奉。奉读若篇。尼辄切。十下奉部。

三篇上干部云："羊，言稍甚也。"奉从大从羊，谓大甚，故惊人也。

第四节　复文会意

一、二　文

（一）并立

《　水流浍浍也。方百里为《，广二寻，深二仞。古外切。十一下
《部。

川　贯穿通流水也。《虞书》曰："濬く《距川。"言深く《之水会为
川也。昌缘切。十一下川部。

从　相听也。从二人。疾容切。八上从部。

夶　并行也。从二夫。辇字从此。读若伴侣之伴。薄旱切。十下
夫部。

比　密也。二人为从，反从为比。毗二切。八上比部。

𣬈　古文比。

吴承仕曰："反人，亦人也，故古文从二大会意。"

奻　讼也。从二女。女还切。十二下女部。

辡　辠人相与讼也。从二辛。方免切。十四下辡部。

顨　选具也。从二页。志恋切。九上页部。

䀠　左右视也。从二目。读若拘。又若良士瞿瞿。九过切。四上䀠部。

聑　安也。从二耳。丁帖切。十二上耳部。

吅　惊呼也。从二口。读若讙。况袁切。二上口部。

𢪒　杨雄说拜从二手。博怪切。十二上手部。

誩　竞言也。从二言。渠庆切。三上誩部。

覞　并视也。从二见。弋笑切。八下覞部。

㹜　两犬相齧也。从二犬。语巾切。十上㹜部。

𧰲　希属。从二希。息利切。九下希部。

虤　虎怒也。从二虎。五闲切。五上虤部。

䖵　虫之揔名也。从二虫。读若昆。古魂切。十三下䖵部。

龖　飞龙也。从二龙。读若沓。徒合切。十一下龙部。

雔　双鸟也。从二隹。读若醻。市流切。四下雔部。

艸 百卉也。从二屮。仓老切。一下草部。

朱骏声曰："草，会意。"

林 平土有丛木曰林。从二木。力寻切。六上林部。

秝 稀疏适秝也。从二禾。读若秝。即击切。七上秝部。

瓜 本不胜末微弱也。从二瓜。读若庾。以主切。七下瓜部。

棗 小枣丛生者。从并朿。已力切。七上朿部。

林 葩之总名也。林之为言微也。微纤为功，象形。匹卦切。七下林部。

絲 蚕所吐也。从二糸。息兹切。十三上丝部。

玨 二玉相合为一玨。古岳切。一上玨部。

兟 兟兟，锐意也。从二先。子林切。八下先部。

朋 颈饰也。从二贝。乌茎切。六下贝部。

弜 强也。从二弓。其两切。十二下弜部。

廿 二十并也。古文省。人汁切。三上十部。

皕 二百也。读若秘。彼力切。四上皕部。

赫 火赤儿，从二赤。呼格切，十下赤部。

玆 黑也。从二玄。《春秋传》曰："何故使吾水兹？"子之切。四下玄部。

茲 微也。从二幺。于虯切。四下丝部。

祘 明视以算之。从二示。读若算。稣贯切。一上示部。

臸 到也。从二至。人质切。十二上至部。

竝 并也。从二立。蒲迥切。十一并部。

甡 众生并立之儿。从二生。所臻切。六下生部。

八 分也。从重八。八，别也，亦声。《孝经说》曰："故上下有别。"兵列切。二上八部。

沝 二水也。阙。之垒切。十一下沝部。

卯 二卪也。巽从此。阙。士恋切。九上卪部。

斦 二斤也。从二斤。语斤切。十四上斤部。

豩 二豕也。豳从此。阙。伯贫切。又呼关切。九下豕部。

兟 进也。从二先。赞从此。阙。所臻切。八下先部。

㯥 二东。曹从此。阙。

从 二入也。两从此。良奖切。五下入部。

按：古文字喜作复文。水作二水，非是别有沝字也，故有字而无音。许君认为别是一字而云阙，阙谓阙其音。今音皆后人强为之。凡就形说字云二某及阙音者，大氏此类，并非会意字也。附记于此，以祛惑云。

（二）重叠

圭 瑞玉也。上圜下方。公执桓圭，九寸；侯执信圭，伯执躬圭，皆七寸；子执谷璧，男执蒲璧，皆五寸，以封诸侯。从重土。楚爵有执圭。古畦切。十三下土部。

畕　比田也。从二田。居良切。十三下畕部。

炎　火光上也。从重火。于廉切。十上炎部。

friend　同志为友。从二又，相交友也。云久切。三下又部。

多　重也。从重夕。夕者相绎也，故为多。重夕为多。重日为叠。得何切。七上多部。

> 按：重夕说不可通。甲文肉作夕。盖重肉为多，以形近误作夕也。

棗　羊枣也。从重朿。子皓切。七上朿部。

弜　草木弜盛也。从二弓。胡先切。七上弜部。

戔　贼也。从二戈。《周书》曰：戔戔巧言。昨干切。十二下戈部。

哥　声也。从二可。古文以为謌字。古俄切。五上可部。

爻　交也。象《易》六爻头交也。胡茅切。三下爻部。

鱻　二鱼也。语居切。十一下鱻部。

龠　二余也。读与余同。以诸切。二上八部。

> 按：鱻即鱼之复文，故音与鱼同。龠即余之复文，故音与余同。许以为别是一字，非也。

（三）相背

北　乖也。从二人相背。博墨切。八上北部。

臦　乖也。从二臣相违。读若诳。居况切。三下臣部。

舛　对卧也。从夕㐄相背。昌兖切。五下舛部。

乱也。从言字声。蒲没切。三上言部。

𢡛或从心。

籒文譴，从二或。

行也。从止少相背。薄故切。二上步部。

服也。从弓中相承，不敢并也。下江切。五下夊部。

按：止少二字，弓中亦二字，与复文略异，附列于此。

二、三　文

众立也。从三人。读若钦𥂕。鱼音切。八上𣥠部。

土高也。从三土。吾聊切。十三下垚部。

众石也。从三石。落猥切。九下石部。

火华也。从三火。以丹切。十下焱部。

谨也。从三子。读若翦。旨充切。十四下孨部。

私也。从三女。古颜切。十二下女部。

众庶也。从三口。丕饮切。二下品部。

附耳私小语也。从三耳。尼辄切。十二上耳部。

心疑也。从三心。读若《易》旅琐琐。才规才累二切。十下惢部。

同力也。从三力。胡颊切。十三下劦部。

疾言也。从三言。读若沓。徒合切。三上言部。

犬走儿。从三犬。甫遥切。十上犬部。

羊臭也。从三羊。式连切。四上羴部。

众马也。从三马。甫虬切。十上马部。

行超远也。从三鹿。仓胡切。十上麤部。

群鸟也。从三隹。徂合切。四上雥部。

新鱼精也。从三鱼。不变鱼。相然切。十一下鱼部。

有足谓之虫，无足谓之豸。从三虫。直弓切。十三下虫部。

兽细毛也。从三毛。此芮切。八上毳部。

草之总名也。从草中。许伟切。一下草部。

树达按：从草中无义，此从三中耳。

木多儿。从林，从木。读若曾参之参。所今切。六上林部。

按：从三木。

群车声也。从三车。呼宏切。十四上车部。

三十并也。古文省。苏香切。三上卉部。

显也。从三白。读若皎。乌皎切。七下白部。

知也。从口，折声。陟列切。二上口部。

嚞 古文哲，从三吉。

灥 三泉也。厥。详遵切。十一下部。

毚 疾也。从三兔。阙。芳遇切。十上兔部。

三、四 文

㗊 众口也。从四口。读若戢。阻立切。三上㗊部。

㴫 不滑也。从四止。色立切。三下止部。

茻 众草也。从四屮。读与冈同。模朗切。一下茻部。

㠭 极巧视之也。从四工。知衍切。五下㠭部。

爻 二爻也。力几切。三下爻部。

第五节 变体会意

归 按也。从反印。于棘切。九上印部。

𠨧 圜倾侧而转者。从反仄。胡官切。九下丸部。

第六节 会意阙疑

鞭 驱也。从革，便声。卑连切。三下革部。

𩍸 古文鞭。

段云：“攵从亼，从攴。”

鵻 祝鸠也。从鸟，隹声。思允切。四下鸟部。

隼 鵻或从隹一。

蔑 劳目无精也。从苜。人劳则蔑然，从戍。莫结切。四上苜部。

爰 引也。从𠬪，从于。羽元切。四下𠬪部。

剛 强断也。从刀，刚声。古郎切。四下刀部。

𠕍 古文刚如此。

制 裁也。从刀，从未。未，物成有滋味可截断。一曰：止也。征例切。四下刀部。

等 齐简也。从竹，从寺。寺，官曹之等平也。多肯切。五上竹部。

顨 巺也。从丌，从頭。稣困切。五上丌部。

甹 亟词也。从丂，从由。或曰：甹侠也。三辅谓轻财者为甹。普丁切。五上丂部。

餐 吞也。从食，𣦼声。七安切。五下食部。

湌 餐或从水。

今 是时也。从亼，从乛。乛，古文及。居音切。五下亼部。

夃 秦以市买多得为夃。从乃，从夂，益至也。古乎切。五下夂部。徐铉曰：乃，难意也。

椉 覆也。从入桀。桀，黠也。军法曰乘。食陵切。五下桀部。

臬　射准的也。从木，从自。五结切。六上木部。

�ø　下取物缩藏之。从口，从又。读若聂。女洽切。六下口部。

丱　平也。从廿，五行之数二十分为一辰。丱平也。读若蛮。母官切。七下丱部。

褖　襰缕所絤衣。从尚，芇省。陟几切。七下蒲部。

壬　近求也。从爪壬。壬，徼幸也。余箴切。八上壬部。

殷　作乐之盛称殷。从㐆，从殳。于身切。八上㐆部。

耇　老人行才相逮。从老省，易省，行象。读若树。常句切。八上老部。

服　用也。一曰：车右騑，所以舟旋。从舟，㕔声。房六切。八下舟部。

服　古文服。从人。

敬　肃也。从攴苟。居庆切。九上苟部。

厶　相訹呼也。从厶，从羑。与久切。九上厶部。

昜　开也。从日一勿。一曰：飞扬。一曰：长也。一曰：强者众皃。与章切。九下勿部。

夭　吉而免凶也。从屰，从夭。夭死之事。故死谓之不夭。胡耿切。十下夭部。

皋　气皋白之进也。从本，从白。古劳切。十下部。

涸　渴也。从水，固声。读若狐貈之貈。下各切。十一上水部。

𣶒 涸亦从水卤舟。

㝫 安也。从女，从日。《诗》曰：以㝫父母。乌谏切。十二下女部。

續 连也。从糸，卖声。似足切。十三上糸部。

𥾣 古文续。从庚贝。

緐 马髦饰也。从糸每。《春秋传》曰："可以称旌緐乎？"附袁切。
十三上糸部。

緐 緐或从辡，辡籀文弁。

按：**緐**从辡声。

虹 螮蝀也。状似虫，从虫，工声。户工切。十三上虫部。

虹 籀文虹。从申。申，电也。

成 就也。从戊，丁声。氏征切。十四下戊部。

𢦖 古文成，从午。

第七节　加旁会意

一、加形旁

喜 乐也。从壴，从口。虚里切。五上喜部。

歖 古文喜。从欠，与欢同。

休 息止也。从人依木。许尤切。六上木部。

休或从广。

目相及也。从目，隶省。读若与隶同也。徒合切。四上目部。

迨也。从辵，隶声。徒合切。二下辵部。

《方言》云："逮，及也。"《广韵》云："相及也。"

深目也。从穴中目。乌皎切。四上目部。

目深儿。从目纁。读若《易》曰勿𪉖之𪉖。于悦切。四上目部。

及也。从又，从尾省。又持尾者，从后及之也。徒耐切。三下隶部。

唐逮，及也。从辵，隶声。徒耐切。二下辵部。

老也。从又，从灾。阙。稣后切。三下又部。

众意也。一曰：求也。从手，窦声。所鸠切。十二上手部。

字从又，复从手，义复。

深也。一曰灶突。从穴，从火，从求省。式针切。七下穴部。

远取之也。从手，突声。他含切。十二上手部。探字义亦复。

行有所得也。从彳，𣆪声。多则切。二下彳部。

古文省彳。

先有𣆪。后加彳旁为得。

抒臼也。从爪臼。以沼切。七上臼部。

指也。从手，舀声。土刀切。十二上手部。

从爪，复从手，义复。

啻 嗇也。从口卤。卤，受也。彼美切。五下卤部。

鄙 五鄪为鄙。从邑，卤声。兵美切。六下邑部。

鄪 即鄙之初文，从口，复从邑，于义为复。

益 饶也。从水皿。水皿，益之意也。伊昔切。五上皿部。

溢 器满也。从水，益声。夷质切。十一上水部。

益从皿，当训器满，饶乃引申义，许误。益已从水，又加水旁为溢，复矣。

夙 早敬也。从夗。时事虽夕不休，早敬者也。息逐切。七上夕部。

佀 古文夙。从人囟。

佀 亦古文夙。从人囟。宿从此。

宿 止也。从宀，佀声。佀，古文夙。息逐切。七下宀部。

囟 囟皆古簟字。人在簟上，宿义甚明。又加宀为宿。

困 故庐也。从木在口中。苦闷切。六下口部。

梱 门橛也。从木，困声。苦本切。六上木部。

困已从木，梱又从木，复矣。

典 五帝之书也。从册在丌上，尊阁之也。庄都说：典，大册也。多殄切。五上丌部。

莫 古文典，从竹。

啬 爱濇也。从来，从卤。来者卤而藏之，故田夫谓之啬夫。所力切。五下啬部。

穑 谷可收曰穑。从禾，啬声。所力切。七上禾部。

啬从来，来谓麦，穑又从禾，义复。

冣 入水有所取也。从又在𦣝下。𦣝，古文回；回，𦥑水也。读若沫。莫勃切。三下又部。

湏 湛也。从水，𦥑声。莫勃切。十一上水部。

熛 火飞也。从火𦊀。𦊀与𦦆 同意。方昭切。十上火部。

熛 火飞也。从火，票声。读若摽。甫遥切。十上火部。

𦦆 巳从火，复加火为熛，义复。

屋 居也。从尸，尸，所主也。一曰：尸，象屋形。从至，至所止也。室屋皆从至。乌谷切。八上尸部。

厔 籀文屋，从厂。

从尸，复从厂，义复。

𦦆 治稼𦦆𦦆进也。从田儿，从攵。初力切。五下攵部。

稷 䄶也，五谷之长。从禾，𦦆声。子力切。七上禾部。

㔆 很也。从匕目。匕目，犹目相匕，不相下也。古恨切。八上匕部。

很 不听从也。一曰：行难也。从彳㔆。胡恳切。二下彳部。

许以很训㔆，以后起字释初字也。

咸 皆也，悉也。从口，从戌。戌，悉也。胡监切。二上口部。

諴 和也。从言，咸声。故嗼切。三上言部。

和为皆悉之引申义。从口，复从言，义复。

睿　深通川也。从谷，从歺。歺，残地阬坎意也。《虞书》曰："濬畎
浍距川。"私闰切。十一下谷部。

濬　睿或从水。

叡　古文睿。

合　合口也。从亼口。侯閤切。五下亼部。

詥　谐也。从言，合声。侯閤切。三上言部。

叡　沟也。从叔，从谷。呼各切。四下叔部。

壑　叡或从土。

叡　深明也。通也。从叔，从目，从谷省。以芮切。四下叔部。

壑　籀文叡，从土。

甚　尤安乐也。从甘，甘匹耦也。常枕切。五上甘部。

媅　乐也。从女，甚声。丁含切。十二下女部。

匹耦义浑，从女则复而偏矣。

欮　屰气也。从屰，从屰，从欠。居月切。七下屰部。

厥　欮或省屰。

先有欮字，后乃加屰为厥。

奄　覆也。大有余也。又欠也。从大，从申。申，展也。依检切。十
下大部。

偠　大也。从人，奄声。于验切。八上人部。

㴚　语多沓沓也。从水，从曰。徒合切。五上曰部。

譶　誻諻也。从言，沓声。徒合切。三上言部。

誩　竞言也。从二言。渠庆切。三上誩部。

競　彊强语也。一曰：逐也。从誩，从二人。渠庆切。三上誩部。

圭　瑞玉也，上圜下方。从重土。古畦切。十三下土部。

珪　古文圭，从玉。

哥　声也。从二可。古文以为䚻字。古俄切。五上可部。

歌　咏也。从欠，哥声。古俄切。八下欠部。

謌　歌或从言。

步　行也。从止㞢相背。薄故切。二上步部。

𨄅　蹈也。从足，步声。旁各切。二下足部。

垚　土高皃。从三土。吾聊切。十三下垚部。

堯　高也。从垚在兀上，高远也。吾聊切。十三下垚部。

劦　同力也。从三力。胡颊切。十三下劦部。

脅　两膀也。从肉，劦声。虚业切。四下肉部。

褚　箴缕所紩衣。从㡀，耑省。陟几切。七下㡀部。

褚　紩衣也。从衣耑，耑亦声。猪几切。八上衣部。

敬　肃也。从攴苟。居庆切。九上苟部。

龏 敬也。从心龏，龏亦声。居影切。十下心部。

抑 按也。从反印。于棘切。九上印部。

㧖 俗从手。

爰 引也。从爪，从于。羽元切。四下爪部。

援 引也。从手，爰声。雨元切。十二上手部。

二、加声旁

明 照也。从月，从囧。武兵切。七上朙部。

朚 翌也。从朙，亡声。呼光切。七上朙部。

明亡皆唐部字。又同属明母。许以为二字，非也。

亟 敏疾也。从人，从口，从又，从二。二，天地也。纪力切。十三下二部。

鞏 急也。从革，亟声。纪力切。三下革部。

亟革皆德部字，且同属见母。许误分为二。

告 牛触人，角箸横木，所以告人也。从口，从牛。古奥切。二上告部。

嚳 急告之甚也。从告，学省声。苦沃切。二上告部。

告学皆觉部字，二文一字，许误分之。

歸 女嫁也。从止，从妇省，𠂤声。举韦切。二上止部。

㱕 籀文省。

先有峀，后加吕声为归。

惠 仁也。从心，从叀。胡桂切。四下叀部。

蕙 古文惠，从卉。

亾 逃也。从人，从乚。武方切。十二下亾部。

橆 亡也。从亡，无声。武扶切。十二下亡部。

亡字古唐部，无字古模部，二部对转。亡亦可读无。五篇下舛部舞从无声，或作𢪟，从亡声。十二篇上手部抚从无声，或作𢪟，从亡声。造字时亡无已通用，足知此亡橆为一字也。许亦误分之。

𠘧 止也。得几而止，从几，从夂。昌与切。十四上几部。

𡰥 处或从虍声。

处虍皆模部字。

炎 火光上也。从重火。于廉切。十上炎部。

燄 火行微燄燄也。从火，臽声。

炎臽皆添部字，许误分为二。

第八节 会意字变为形声

𠬶 治也。从又，从卩。卩，事之制也。房六切。三下又部。

匐 伏地也。从勹，畐声。蒲北切。九上勹部。

伏地以手与𦘔著地，故反字从又从卩表之，为匐之初文。许不知，误分为二。

黥　墨刑在面也。从黑，京声。渠京切。十上黑部。

剠　黥或从刀。

烖　天火曰烖。从火，𢦏声。祖才切。十上火部。

灾　或从宀火。

灾　古文从才。

𤆥　籀文从𤕫。

烖灾　灾三字皆形声。

舀　抒臼也。从爪臼。以沼切。七上臼部。

抭　舀或从手，从宀。

䎙　舀或从臼宀。

抭　从手宀声。宀，从臼宀声。舀在幽部，宀在钟部。幽与冬部对转，钟冬音近，故舀亦与钟部为转。

采　禾成秀也。人所以收，从爪禾。徐醉切。七上禾部。

穟　采或从禾，惠声。

系　系也。从糸，丿声。胡计切。十二下系部。

繄　系或从毄处。

𢇁　籀文系，从爪丝。

孚　卵孚也。从爪，从子。一曰：信也。芳无切。三下爪部。

𠩵　古文孚作㽿。㽿，古文保。

晞也。从日，从出，从収，从米。薄报切。七上日部。

古文暴。从日，麃声。

洒面也。从水，未声。荒曰切。十一上水部。

古文沬。从収水，从页。

弃除也。从収推苹弃采也。官溥说：似米而非米者，矢字。方问切。四下苹部。

埽除也。从土，弁声。读若粪。方问切。十三下土部。

按：二字本一文，许误分之。

开也。从门，辟声。房益切。十二上门部。

《虞书》曰："辟四门。"从门，从廾。

秋田也。从犬，璽声。息浅切。十上犬部。

狝或从豕。宗庙之田也，故从豕示。

蚕衣也。从糸，从虫，从带。工珍切。十三上糸部。

古文茧，从糸见。

按：枧从见声。

身也。从身，从吕。居戎切。七下吕部。

躬或从弓。

躬古音在冬部，弓在登部，二部音近相通。又躬弓并见母也。

老精物也。从鬼彡，彡，鬼毛。密秘切。九上鬼部。

或从未声。

上衣也。从衣，从毛。古者衣裘以毛为表。陂矫切。八上衣部。

古文表，从麃。

表麃并豪部字。

黍稷方器也。从竹，从皿，从皂。居洧切。五上竹部。

古文簋，从匚食九。

古文簋，或从轨。

亦古文簋。

按：匦从匚从食九声，匦从轨声，枕从九声，簋九轨古韵同属幽部。

髀也。从尸下丌居几。徒魂切。八上尸部。

屍或从肉隼。

屍或从骨，殿声。

按：睢从隼声，屍隼皆古痕部字，殿亦从屍声也。

浮行水上也。从水，从子。古或以汙为没。似由切。十一上水部。

汙或从囚声。

汙囚皆幽部字。

水桥也。从木，从水，丑声。吕张切。六上木部。

古文。

木中虫。从蚰，橐声。当故切。十三下蚰部。

蠚 蠚或从木，象虫在木中形。

看 睎也，从手下目。苦寒切。四下目部。

靲 看或从轩。

看轩并寒部字。

冰 水坚也。从仌，从水。鱼陵切。十一下仌部。

凝 俗冰从凝。

冰登部字。凝从疑声，疑咍部字。咍登对转。

頫 低头也。从页，逃省。方矩切。九上页部。

俛 頫或从人免。

俛从人免声。頫今读方矩切，段氏谓頫俛皆当读如勉，其说是也。

艮 很也。从匕目。匕目，犹目相匕，不相下也。古恨切。八上匕部。

覞 很视也。从匕，肩声。齐景公之勇臣有成覞者。苦闲切。八下覞部。

按：二文本一字，许盖误分。艮为痕部字，肩为寒部字，二部音最近。

遯 逃也。从辵，从豚。徒困切。二下辵部。

遁 迁也，一曰：逃也。从辵，盾声。徒困切。二下辵部。

二文一字，许误分之。

赬 赤色也。从赤，巠声。敕贞切。十下赤部。

柤　柤或从贞。

𣐈　或从丁。

𣲗　柤棠枣之汁，或从水。

泟　泟或从正。

旨　美也。从甘，匕声。职雉切。五上旨部。

𤮻　古文旨。

㳄　慕欲口液也。从欠，从水。夕连切。八下㳄部。

羡　㳄或从侃。

㳄　即今之涎字。㳄从侃声。与㳄皆寒部字。

衒　行且卖也。从行，从言。黄绚切。三下行部。

衒　衒或从玄。

按：衒从玄声。

監　临下也。从卧，𥃩省声。古衔切。八上卧部。

𥄂　古文监从言。

棥　藩也。从爻，从林。附袁切。三下爻部。

藩　屏也。从草，潘声。甫烦切。一下草部。

棥藩并寒部字，许误分之。

匊　在手曰匊。从勹，从米。居六切。九上勹部。

𦦥　两手盛也。从收，�声。余六切。三上收部。

《广韵》曰:"𡙁,《说文》音稣",知稣𡙁 为一字矣。

𡴀 辜也。从干二。二,古文上字。读若愆。去虔切。三上𡴀部。

𢠵 过也。从心,衍声。玄虔切。十下心部。

𢙶 或从寒省。

𠧞 过也。从𡴀,侃声。去虔切。三下𡴀部。

辛衍寒侃皆寒部字,𡴀愆𠧞算一字也。许误分之。

辭 讼也。从𤔔辛。𤔔辛,犹理辜也。似兹切。十四下辛部。

嗣 籀文辭,从司。

按:嗣从司声,与辭同为咍部字。

辤 不受也。从辛,从受。受辛,宜辤之。似兹切。十四下辛部。

辝 籀文辤。

按:辝从台声,与辤同为咍部字。

封 爵诸侯之土也。从之,从土,从寸。寸,其制度也。公侯百里,伯七十里,子男五十里。府容切。十三下土部。

𡉚 古文封,省。

𡐦 籀文从丰。

按:𡐦从丰声。

邦 国也。从邑,丰声。博江切。六下邑部。

𠴃 古文。

奆 大视也。从大睊。读若书。况晚切。四上睊部。

瞁 大目也。从目，爰声。况晚切。四下目部。

按：二文为一字，许误分之。

復 却也。一曰：行迟也。从彳，从日，从夂。他内切。二下彳部。

衲 復或从内。

遐 古文，从辵。

謣 号也。从言虎。乎刀切。三上言部。

虒 号也。从号，从虎。乎刀切。五上号部。

按：号从号声，謣号算一字，许误分之。

斲 截也。从斤，从𢇍。𢇍，古文绝。徒玩切。十四上斤部。

𢇍 古文断。从𠀐，𠀐，古文虫字。《周书》曰："𢇍𢇍猗无他技。"

𣃔 亦古文。

剀 剀皆从𠀐声。

臯 大白泽也。从大，从白。古文以为泽字。古老切。十下介部。

澤 光润也。从水，睪声。文伯切。十一上水部。

吅 惊呼也。从二口。读若讙。况袁切。二上口部。

讙 譁辞也。从言，雚声。呼官切。三上言部。

按：二文为一字。

玨 二玉相合为一玨。古岳切。一上玨部。

𤤴 玨或从㱿。

玨 㱿并屋部字。

交也。象《易》六爻交头也。胡笲切。三下爻部。

相杂错也。从殳，肴声。胡茅切。三下殳部。

为交午之午字。爻从二乂，有交错之义，即殽之初文也。许误分之。

对卧也。从夊㐄相背。昌兖切。五下舛部。

杨雄说：舛从足春。

按：踳从春声，与舛皆痕部字。

乱也。从言，孛声。蒲没切。三上言部。

誖或从心。

籀文誖，从二或。

私也。从三女。古凡切。十二下女部。

古文奸。从旱心。

按：悬从旱声，与奸皆寒部字。

羊臭也。从三羊。式连切。四上羊部。

羴或从亶。

知也。从口，折声。陟利切。二上口部。

哲或从心。

古文哲，从三吉。

不滑也。从四止。色立切。二上止部。

澁 不滑也。从水，嗇声。色立切。十一上水部。

歰 古音在合部，嗇在德部。二字同属心母双声，故为一字。许误分之。

𥝢 相诱呼也。从厶，从羑。与久切。九上厶部。

誘 或从言秀。

按：诱从秀声，与羑并幽部字。

涸 渴也。从水，固声。读若狐鵫之鵫。下各切。十一上水部。

涸 涸亦从水卤舟。

續 连也。从糸，卖声。似足切。十三上糸部。

賡 古文续，从庚贝。

纚 马髦饰也。从糸每。《春秋传》曰："可以称旌纚乎？"附袁切。十三上糸部。

纑 纚或从弁。弁，籀文弁。

按：纑从弁声。

虹 蝃蝀也。状似虫，故从虫，工声。户工切。十三上虫部。

𧍠 籀文虹。从申。申，电也。

成 就也。从戊，丁声。氏征切。十四下戊部。

𢦩 籀文成，从午。

第六章　形　　声

第一节　多形多声

形声许举江河为例，乃形声中之最简者。其复糅之字则不然。

一、多　形

𡲢　疾也。从止。从又，又，手也。屮声。疾叶切。二上止部。

碧　石之青美者。从玉石，白声。兵尺切。一上玉部。

嗣　诸侯嗣国也。从册，从口，司声。祥吏切。二下册部。

按：三字皆二形。

寶　珍也。从宀，从玉，从贝，缶声。博皓切。七下宀部。

按：此字三形。

彟　绎理也。从工口，从又寸。工口，乱也。又寸，分理之也。彡声。徐林切。三下寸部。

按：此字四形。

二、多 声

窃 盗目中出曰窃。从穴，从米，**禼廿**皆声。廿，古文疾。千结切。七上米部。

齏 韲也。从韭，**次虀**皆声。祖鸡切。七下韭部。

按：二字皆二声。二声《说文》止此二字。殆形声中之例外也。

第二节　省形省声

一、省 形

氂 强曲毛可以箸衣。从犛省，来声。洛哀切。二上犛部。

嫁 女嫁也。从止，从妇省，**巳**声。举韦切。二上止部。

二、省 声

家 居也。从宀，**豭**省声。古牙切。七下宀部。

营 小声也。从言，荧省声。余倾切。三上言部。

第三节　形声分类

形声字最宜研求者，为字与其声类二者声音之关系。详述于下：

一、同音（声与韵皆同为同音）

𧩓 训故言也。从言，古声。《诗》曰：诂训。公户切。三上言部。

故 使为之也。从攴，古声。古慕切。三下攴部。

按：古，公户切。诂故与古音同。

傅 给事者。从人，从菐。菐亦声。蒲沃切。三上手部。

撲 挨也。从手，菐声。蒲角切。三上手部。

按：菐蒲沃切。仆扑与菐音同。

閣 所以止扉者。从门，各声。古洛切。十二上门部。

按：各，古洛切。阁与各音同。

幘 发有巾曰帻。从巾，责声。侧革切。七下巾部。

嫧 齐也。从女，责声。侧革切。十三下女部。

按：责，侧革切。帻嫧与责音同。

楝 极也。从木，东声。多贡切。六上木部。

涷 冰也。从仌，东声。德红切。都贡切。十一下仌部。

按：东德红切，与楝涷音同。

趁 急走也。从走，幵声。胡田切。二上走部。

悬 急也。从心幵。幵亦声。胡田切。十下心部。

按：幵，胡田切。趁悬与幵音同。

牲 牛完全也。从牛，生声。所庚切。二上牛部。

甥 谓我舅者吾谓之甥也。从男，生声。所更切。十三下男部。

眚 目病生翳也。从目，生声。所景切。四上目部。

按：生，所庚切。牲甥眚与生音同。

二、阴声与入声

（一）声类为阴声孳乳字读入声

坶 朝歌南七十里地。《周书》曰：武王与纣战于坶野。从土，母声。莫六切。十三下土部。

按：母为阴声字，坶读入声。

旭 日旦出儿。从日，九声。许玉切。七上日部。

按：九为阴声，旭读入声。

特 特牛也。从牛，寺声。徒得切。二上牛部。

按：寺为阴声字，特读入声。

涤 洒也。从水，条声。徒历切。十一上水部。

按：条为阴声字，涤读入声。

橐 举食者。从木，具声。俱烛切。六上木部。

按：具为阴声字，橐读入声。

薄 林薄也。一曰：蚕薄。从草，溥声。旁各切。一下草部。

按：溥为阴声字，薄读入声。

阏 遮拥也。从门，于声。乌割切。十二上门部。

按：于为阴声字，阏读入声。

（二）声类为入声孳乳字读阴声

𦱍　艾蒿也。从草，肃声。稣雕切。一下草部。

按：肃入声，萧阴声。

嗾　使犬声。从口，族声。稣奏切。二上口部。

按：族入声，嗾阴声。

槈　薅器也。从木，辱声。奴豆切。六上木部。

按：辱为入声，槈为阴声。

路　道也。从足，各声。洛故切。二下足部。

按：各为入声，路为阴声。

秅　二秭为秅。从禾，乇声。宅家切。七上禾部。

按：乇入声，秅读阴声。

赦　置也。从攴，赤声。始夜切。三下攴部。

按：赤为入声，赦读阴声。

三、叠　韵

（一）声相近者

胡　牛顄垂也。从肉，古声。户吴切。四下肉部。

怙　恃也。从心，古声。侯古切。十下心部。

按：古，公户切，见母。胡怙二字皆匣母，见匣声近。

笘　取虮比也。从竹，臣声。居之切。五上竹部。

姬 黄帝居姬水，因水为姓。从女，匝声。居之切。十二下女部。

按：匝，与之切，喻母。茝姬皆见母，喻见声近。

（二）声相远者

䐣 切熟肉内于血中和也。从肉，员声。读若逊。鳅本切。四下肉部。

損 减也。从手，员声。稣本切。十二上手部。

涒 食已而复吐之。从水，君声。他昆切。十一上水部。

按：君，举云切，见母。涒，透母。见透声远。

赂 遗也。从贝，各声。洛故切。六下贝部。

零 雨落也。从雨，各声。卢各切。十一下雨部。

按：各，古洛切，见母。赂零皆来母，见来声远。

李 李果也。从木，子声。良止切。六上木部。

按：子为精母字，李读来母，精来声远。

四、双　声

鳳 神鸟也。从鸟，凡声。冯贡切。四上鸟部。

按：凡覃韵，凤登韵。

䉾 赋事也。从畀，从八。八，分之也。八亦声。读若须。一曰：读若非。布还切。三上畀部。

按：八在屑韵。䉾读若须，在痕韵。读若非，则在微韵。

五、对　转

（一）阴声与阳声

1. 声类为阴声孳乳字读阳声

𦠌　创肉反出也。从肉，希声。香近切。四下肉部。

雖　祝鸠也。从鸟，隹声。或作隼。思允切。四上鸟部。

𤈷　炮炙也。以微火温肉。从火，衣声。乌痕切。十上火部。

希隹衣皆微部字，阴声。𦠌雖𤈷皆读入痕部，阳声。古音微痕为对转。

裸　灌祭也。从示，果声。古玩切。一上示部。

按：果为歌部字，阴声。裸读入寒部，阳声。古音歌寒为对转。

炷　行灶也。从火，圭声。口迥切。十上火部。

鞞　刀室也。从革，卑声。并顶切。三下革部。

圭卑皆支部字，阴声。炷鞞读入青部，阳声。古韵支青二部为对转。

講　和解也。从言，冓声。古项切。三上言部。

叢　聚也。从丵，取声。徂红切。三下丵部。

按：冓取二字皆在侯部，阴声。講叢读入东部，阳声。古音侯东为对转。

駔　壮马也。从马，且声。字朗切。十上马部。

按：且在模部，阴声。駔读入唐部，阳声。古音模唐为对转。

熊属，足似鹿。从肉，巳声。奴登切。十上能部。

因也。从人，乃声。如乘切。八上人部。

按：巳乃皆哈部字，阴声。能仍皆读入登部，阳声。古哈登二部为对转。

2. 声类为阳声孳乳字读阴声

火齐，玫瑰也。从王，文声。莫杯切。一上王部。

光也。从火，军声。况韦切。十上火部。

旗有众旍以令众也。从㫃，斤声。渠希切。七上㫃部。

按：文军斤三字皆在痕部，阳声。玫辉旍皆读入微部，阴声。

水虫，似蜥易，长大。从黾，单声。徒何切。十三下黾部。

行有节也。从人，难声。诺何切。八上人部。

穜也。从手，番声。补过切。十二上手部。

按：单难番皆寒部字，阳声。鼍傩播皆读入歌部，阴声。

簪也。从竹，幵声。古兮切。五上竹部。

按：幵在青部，阳声。笄读入佳部，阴声。

日无色也。从日，并声。滂古切。七上日部。

日且冥也。从日在茻中。茻亦声。莫放切。一下茻部。

按：并茻皆唐部字，阳声。普莫皆读入模部，阴声。

《玉篇》酉部云："酗，许具切，凶酒曰酗。"酱、酗同上。

按：酗从凶声，凶为钟部字，阳声。酗读入侯部，阴声。

㜺 画眉也。从黑，朕声。徒耐切。十上黑部。

䞠 埃䞠，日无光也。从日，能声。奴代切。七上日部。

按：朕能为登部字，阳声。㜺䞠皆读入阴声，咍部。

（二）入声与阳声

1. 声类为入声孳乳字读阳声

奔 走也。从夭，卉声。博昆切。十下夭部。

吻 口边也。从口，勿声。武粉切。二上口部。

按：卉勿皆没部字，为微部之入声。奔吻皆读入阳声，痕部。

嬾 懈也。从女，赖声。洛旱切。十二下女部。

憲 敏也。从心目，害省声。许建切。十下心部。

按：赖害皆月部字，入声。嬾宪皆读入寒部，阳声。古音月部为歌部之入声，故亦与寒部为对转。

餳 饴和馓者也。从食，易声。徐盈切。五下食部。

按：易为锡部字，入声。餳读入青部，阳声。古音锡部为佳部之入声，故亦与青为对转。

宕 过也。从宀，碭省声。徒浪切。七下宀部。

按：宕从石声，许说从碭省声，误。石为铎部字，入声。宕读入唐部，阳声。古音铎为模部之入声，故亦与唐为对转。

容 盛也。从宀，谷声。余封切。七下宀部。

竦 敬也。从立，从束。束，自申束也，亦声。息拱切。十下立部。

按：谷束皆屋部字，入声。容竦皆读入钟部，阳声。古音屋为侯部之入声，故与钟部为对转。

2. 声类为阳声孳乳字读入声

腯　牛羊曰肥，豕曰腯。从肉，盾声。他骨切。四上肉部。

喔　咽也。从口，噩声。乌没切。二上口部。

捾　手推之也。从手，圂声。户骨切。十二上手部。

按：盾噩圂皆痕部字，阳声。腯喔捾皆读入没部，没为微部之入声，故与痕为对转。

怛　憯也。从心，旦声。当割切。十下心部。

櫱　伐木余也。从木，献声。五葛切。六上木部。

按：旦献皆寒部字，阳声。怛櫱　皆读入月部，月为歌部之入声。

幎　幔也。从巾，冥声。莫狄切。七下巾部。

按：冥为青部字，阳声。幎读入锡部，锡为支部之入声。

彉　满弩也。从弓，黄声。读若郭。苦郭切。十二下弓部。

按：黄为唐韵字，阳声。彉读入铎部，铎为模部之入声。

菐　渎菐也。从丵，从収。収亦声。蒲沃切。三上収部。

毃　从上击下也。从殳，高声。苦角切。三下殳部。

按：収高皆钟部字，阳声。菐毃皆读入屋部，屋为侯部之入声。

六、声近

骩　骨耑骫骳也。从骨，丸声。于诡切。四下骨部。

按：九为匣母寒韵，歃为影母支韵，韵远而影匣声近。

習 鸟数飞也。从羽，白声。似入切。四下羽部。

按：白为从母没韵，习为心母合韵，韵殊远。殆以从心声近得声耳。

七、韵 近

鸡 鸡鸟也。从鸟，菫声。那干切。四上鸟部。

按：菫为见母痕韵字，鸡为泥母寒韵字，声殊远。此以寒痕二部韵近得声耳。

八、声韵皆远

褱 侠也。从衣，眔声。一曰：橐。户乖切。八上衣部。

九、假声类之同义字为声

農 耕人也。从晨，囟声。奴冬切。三上晨部。

按：囟下云："头会匘盖也。"囟与匘同义，農从囟声，晨从匘声也。

需 䦠也。遇雨不进，止䦠也。从雨而声。《易》曰：云上于天，需。相俞切。十一下雨部。

按：九篇下而部云："而，颊毛也。"九篇上须部云："须，面毛也。"而与须同义，需从而声，算从须声也。

鼂 匽鼀也。从黽，从旦。读若朝。直遥切。十三下黽部。

按：旦与朝同义。此字盖从旦声，实从朝声也。

第四节 形声加旁字

一、加形旁

菹 酢菜也。从草，沮声。侧鱼切。一下草部。

蓝 菹或从皿。

项 袠也。从収，工声。居竦切。三下収部。

鞏 项或加手。按：字从収，又从手，义复。

雁 雁鸟也。从隹，从人，痺省声。于陵切。四上隹部。

鷹 籀文雁，从鸟。

按：字从隹，又从鸟，义复。

糠 谷之皮也。从禾米，庚声。苦冈切。七上禾部。

康 糠或省作。

按：康从米庚声，为初字，后加禾旁为糠。字巳从米，又从禾，义复。许说糠从禾米，康为省作，皆非也。

閻 里中门也。从门，臽声。余廉切。十二上门部。

壖 閻或从土。

按：閻加土旁为壖。

匡 饭器筥也。从匚，㞢声。去王切。十二下匚部。

筐 匡或从竹。

按：匡加竹旁为筐。

丵　聚也。从丵，取声。徂红切。三下丵部。

藂　草丛生儿。从草，丛声。徂红切。一下草部。

按：丵训丛生草，丛字从丵，自谓草之丛生，许泛训为聚，非也。丛藂藂本一字，藂加草旁耳。许分为二字，亦非也。

待　竢也。从彳，寺声。徒在切。二下彳部。

偫　待也。从人待。直里切。八上人部。

按：待偫一字，偫加人旁耳。许以为二字，非是。

殳　以杖殊人也。从又，几声。市朱切。三下殳部。

杸　军中士所持殳也。从木殳。市朱切。三下殳部。

按：殳杸一字，杸加木旁耳。许以为二字，非也。

壮　大也。从士，爿声。侧亮切。一下士部。

奘　驵也。从介壮，壮亦声。徂朗切。十下介部。

按：壮奘一字，奘加介旁耳。许以为二字，非也。

冂　邑外谓之郊，郊外谓之野，野外谓之林，林外谓之冂。象远界也。古荧切。五下冂部。

冋　古文冂。从口，象国邑。

坰　同或从土。

按：冂为局之初文，象形字。许说为林外谓之冂，非也。同为林外谓之同本字，从口，冂声。坰又加土旁耳。

二、加声旁

丕 大也。从一，不声。敷杯切。一上一部。

嚭 大也。从喜，否声。匹鄙切。五上喜部。

按：嚭字从喜，无喜义，此字盖丕字之或体也。《集韵》嚭字或作㔻，是其证也。一篇上一部云："丕大也，从一，不声。"丕嚭同义，喜与丕同部字，嚭乃加声旁字耳。

第五节　声中有义

晚 莫也。从日，免声。无远切。七上日部。

按：晚谓日下。

謹 慎也。从言，堇声。居隐切。三上言部。

按：谨谓寡言。

販 买贱卖贵者。从贝，反声。方愿切。六下贝部。

按：反今言翻。

第六节　声类假借

慈 爱也。从心，兹声。疾之切。十下心部。

按：《礼记大学》云："为人父，止于慈。"《贾子道术篇》云："亲爱利子谓之慈。"据此，慈者，父母慈子之心也。慈子古音同。兹算叚为子。

㐆 龟蛇四游，以象营室。悠悠而长。从㐆，兆声。治小切。七上㐆部。

按：兆叚为召。

暍 伤暑也。从日，昌声。于歇切。七上日部。

按：曷叚为害。

簋 榜也。从竹，殿声。徒魂切。五上竹部。

按：殿叚为臀。

詩 志也。志发于言，从言，寺声。㞢，古文作䛐。书之切。三上言部。

按：诗以言志。从寺从㞢，皆叚为志。

賜 予也。从贝，易声。斯义切。六下贝部。

按：易叚为益。

靬 乾革也。从革，干声。苦旰切。三下革部。

第七章 转 注

转注，说者纷纭，惟章太炎氏之说得其理。章氏之说曰："字者，孳乳而寝多。字之未造，语言先之矣。以文字代语言，各循其声。方语有殊，名义一也。其音或双声相转，叠韵相迆，则为更制一字，此所谓转注也。考老同在幽类，其义互相容受，其音小变。按形体，成枝叶，审语言，同本株。虽制殊文，其实公族也。循是以推，有双声者，有同音者，其条例不异。适举考老叠韵之字以示一端，得包彼二者矣"（《国故论衡》上）。所谓同意相受者，义相近也。所谓建类一首者，同一语原之谓也（《小学略说》上）。

达按：章君析转注为三科，觮理密矣。独同音转注，理不可通。盖音义俱同，造文者何当别构？此自一字之异形，不关转注也。故今取其叠韵双声二事，而益以对转，仍得三科云尔。

第一节 叠 韵

𣕐 木杪末也。从木，票声。敷沼切。六上木部。

杪 木标末也。从木，少声。亡沼切。六上木部。

按：标杪同在豪部。

妹 女弟也。从女，未声。莫佩切。十二下女部。

媦 楚人谓女弟曰媦。从女，胃声。云贵切。十二下女部。

按：妹媦同在微部。

芋 大叶实根骇人，故谓之芋也。从草，于声。王遇切。一下草部。

莒 齐谓芋为莒。从艸，吕声。居许切。一下艸部。

按：芋莒同在模部。

恇 怯也。从心，匡声。去王切。十下心部。

惶 恐也。从心，皇声。胡光切。十下心部。

按：恇惶同在唐部。

遗 亡也。从辵，贵声。以追切。二下辵部。

遂 亡也。从是，㒸声。徐醉切。二下辵部。

按：遗遂同在微部。

遲 徐行也。从辵，犀声。直尼切。二下辵部。

邌 徐也。从辵，黎声。郎奚切。二下辵部。

按：迟邌同在微部。

霁 雨止也。从雨，齐声。子计切。十一下雨部。

霎 霁谓之霎。从雨，妻声。七稽切。十一下雨部。

按：霁霎同在微部。

霖 雨三日已往。从雨，林声。力寻切。十一下雨部。

霪 霖雨也。南阳谓霖雨曰㝵。从雨，㸚声。银箴切。十一下雨部。

按：霖恋同在覃部。

萩　萧也。从草，秋声。七田切。一下草部。

萧　艾蒿也。从草，肃声。苏雕切。一下草部。

按：萩在幽部，萧在觉部，二部为平入，仍叠韵也。

第二节　双　声

改　更也。从攴，己声。古亥切。三下攴部。

更　改也。从攴，丙声。古孟切。三下攴部。

按：改在咍部，更在唐部，同属见母。

谋　虑难曰谋。从言，某声。莫浮切。三上言部。

谟　议谋也。从言，莫声。莫胡切。三上言部。

屏　屏蔽也。从尸，并声。必郢切。八上尸部。

藩　屏也。从草，潘声。甫烦切。一下草部。

按：屏在青部，藩在寒部，同属古音邦母。

勉　强也。从力，免声。七辨切。十三下力部。

懋　勉也。从心，楙声。莫佳切。十下心部。

按：勉在痕部，楙在幽部，同属明母。

第三节 对 转

迎也。从辵，屰声。关东曰逆，关西曰迎。宜战切。二下辵部。

逢也。从辵，卬声。语京切。二下辵部。

按：逆在铎部，迎在唐部，二部对转。

玄鸟也。齐鲁谓之乞。象形。乌辖切。十二上乞部。

玄鸟也。象形。于甸切。十一下燕部。

按：乞在曷部，燕在寒部，二部对转。

鹅也。从鸟，我声。五何切。四上鸟部。

也。从鸟、人，厂声。五晏切。四上鸟部。

按：鹅在歌部，雁在寒部，二部对转。

转也。从口，中象回转形。户恢切。六下口部。

回也。从口，云声。羽巾切。六下口部。

按：回在同部，圆在痕部，二部对转。

倚也。从人，衣声。于稀切。八上人部。

有所依也。从辵工。于谨切。四下辵部。

按：依在微部，在痕部，二部对转。

爨也。从火，吹省声。昌垂切。十上火部。

齐谓炊爨。七乱切。三上爨部。按：炊在歌部，爨在寒部，二部对转。

第八章 假 借

第一节 至今承用者

凤 神鸟也。从鸟，凡声。冯贡切。四上鸟部。

朋 古文凤，象形，凤飞，群鸟从以万数，故以为朋党字。

乌 孝鸟也。象形。孔子曰："乌，于呼也。"取其助力，故以为乌呼。哀都切。四上乌部。

来 周所受瑞麦𪎭，二麦一夆象其芒束之形。天所来也，故以为行来之来。《诗》曰："诒我来𪎭。"洛哀切。五下来部。

韦 相背也。从舛，口声。兽皮之韦，可以束枉戾相违背，故借以为皮韦。宇非切。五下韦部。

西 鸟在巢上。象形。日在西方而鸟栖，故因以为东西之西。先稽切。十二上西部。

能 熊属，足似鹿。从肉，𠯋声。能兽坚中，故称贤能，而强壮称能杰也。奴登切。十上能部。

令 发号也。从亼卪。力正切。九上卪部。

久远也。从兀，从匕，亡声。兀者，高远意也。久则变化。匕者，到亡也。直良切。九下长部。

州里所建旗，象其柄有三游，杂帛，幅半异。所以趣民，故遽称勿。文弗切。九下勿部。

第二节 今不承用者

一、后造正字

草木初生也象丨出形有枝茎也。古文或以为草字。丑列切。一下中部。

按：后造草字，不复以中为草。

坚也。从又，臣声。古文以为贤字。苦闲切。三下臤部。

按：臤本坚之初文，古文叚借为贤字。后造贤字，人遂用贤，不复叚臤字也。

辨论也。古文以为颇字。从言，皮声。彼义切。三上言部。

目围也。从朋广。读若书卷之卷。古文以为醌字。居倦切。四上耳朋部。

引也。从夂，从于。籀文以为车辕字。羽元切。四下夂部。

气欲舒出，㇉上碍于一也。丂古文以为于字，又以为巧字。苦诰切。五上丂部。

按：古文叚丂为于，又叚为巧。后人别造于巧二文，遂不复叚用丂字。

鼎　三足两耳，和五味之宝器也。象析木以炊。古文以贝为鼎。籀文以鼎为贝。都挺切。七上鼎部。

宛　全也。从宀，元声。古文以为宽字。胡官切。七下宀部。

傩　送也。从人，桼声。吕不韦曰：有侁氏以伊尹媵女。古文以为训字。以证切。八上人部。

按：既造训字，故不复叚媵。

皋　大白也。从大白。古文以为泽字。古老切。十下介部。

泭　浮行水上也。从水，从子。古或以汓为没字。似由切。十一上水部。

洗　涤也。从水，西声。古文以为洒埽字。先礼切。十一上水部。

且　荐也。从几，足有二横。一，其下地也。子余切。十四上且部。

几　古文且，又以为几字。

廿　二十并也。古文省。人汁切。三上十部。

按：三篇上辛部云："𡎚，男有辠曰奴，奴曰童。女曰妾。从辛，重省声。"或作𡎚，云："籀文童。中与窃同从廿。廿，古文以为疾字。"

二、别假他字

疋　足也。上象腓肠，下从止。《弟子职》曰："问疋何止？"古文以为《诗》"大疋"字。所菹切。二下疋部。

按：疋本足也。古文以为《诗》"大疋"字，实叚疋为"大雅"之雅也。然雅本训楚乌，今以为"大雅"之雅，亦是叚借。盖疋之叚借转而为雅字之叚借，至今未造疋字，但疋则废而不用耳。

旅 军之五百人。从仈从从。从，俱也。力举切。七上仈部。

𢆍 古文旅。古文以为鲁卫之鲁。

按：古文叚𢆍为鲁卫之鲁，今皆用鲁字。然鲁字《说文》训钝词，亦是叚借，非鲁本字也。

又按：二篇上止部云："止，下基也。象草木出有址。故以止为足。"按许意止有足义者，乃借下基之止为之。今考甲文止字作止，乃象足形，止之初义为足，而非下基。许说颠倒，非其实也。

又五篇上可部云："歌，声也。古文以为谓字。"（八下欠部歌或作词）按：哥为歌词之初文。初有哥字，后加欠旁言旁为歌词字。许不知三字之为一字，似谓古文叚哥为词，亦非也。

又七篇上日部云："㬎，众散秒也。从日中视丝。古文以为显字。"按日中视丝，乃显明之显本字。许不知此，意谓古文叚㬎为显，非也。

以上三字，许皆误说，故详辨之。

图书在版编目（CIP）数据

中国文字学概要 / 杨树达著 . -- 北京 : 北京联合
出版公司 , 2015.4（2025.1 重印）
ISBN 978-7-5502-4968-4

Ⅰ . ①中… Ⅱ . ①杨… Ⅲ . ①汉字—文字学—概论
Ⅳ . ① H12

中国版本图书馆 CIP 数据核字 (2015) 第 068654 号

中国文字学概要

作　　者：杨树达
选题策划：北京三联弘源文化传播有限公司
责任编辑：王　巍

北京联合出版公司出版
（北京市西城区德外大街 83 号楼 9 层　　100088）
天津海德伟业印务有限公司印制　　　新华书店经销
字数 181 千字　710 毫米 ×1000 毫米　1/16　13 印张
2015 年 4 月第 1 版　2025 年 1 月第 3 次印刷
ISBN 978-7-5502-4968-4
定价：68.00 元